KB213496

서로를 이해하기 위하여

행·복·한·부·부·생·활·을·위·한·지·침·서

서로를 이해하기 위하여

폴 투르니에 지음
한정건 박사 옮김
장기려 박사 감수

기독교문서선교회

To Understand Each Other

By

Paul Tournier

Translated by

Jung-Geon Han

1991
Christian Literature Crusade
Seoul, Korea

추천의 말

저자 폴 투르니에(Paul Tournier)는 스위스에서 태어난 그리스도인으로서 정신과의사였다. 그는 또 심리학에 대한 깊은 지식을 가지고 그리스도 신앙과 관계된 논문과 책들을 써서 우리들의 이해를 높이는 데 많은 공헌을 하였다.

본서는 가정생활에 있어서 남편과 아내가 서로 이해하기 위하여 어떠한 원리와 노력이 필요한가를 자기의 친구인 한 외과의사의 가정을 예로 들어 흥미 있게 엮어 나간다. 먼저 서로 이해하기 위하여는 이해하고자 하는 갈망이 있어야 함을 강조하고, 행복한 가정이란 노력해야 얻어지는 목적이지, 결혼함으로 바로 얻어지는 특권이 아니라고 지적한다. 이해하려면 자기 자신을 표현할 것과 이해를 성취하기 위해서는 용기가 필요함을 말하고, 또 이해하기 위해서는 말을 하는 것보다 들어 주는 것이 더 중요함을 역설한다. 그리고 이해하기 위하여는 사랑이 필요하다는 것을 강조하고, 사랑은 성경을 통해 배워 얻을 수 있음을 말한다.

저자는 남녀가 성적(性的)으로 다름을 이해해야 하고, 서로 돕기 위해서도 이해가 필요하다고 한다. 그리고 완전한 이해는 예수 그리스도의 사랑에로 인도된다고 한다. 본서는 결혼이란 하나님께서 배필로 짝지어 주심을 알고 서로돕고 이해하며 예수 그리스도의 사랑을 체험함으로 행복을 느끼는 것임을 저자의 영감으로 저술되었다.

본서는 1989년 어네스트 로빈손이 한국 사람들이 이해하기 쉽게 풀어 테이프에 우리말로 넣어 준 것을 우리 중 한영자 여사와 신학박사인 그녀의 남편 한정건 교수가 다시 원문을 참고하여 번역한 것이다.

현대와 같이 결혼생활에 대한 이해가 부족한 한국 가정들이 이 책을 읽고 많은 유익을 얻을 것으로 확신하고 추천하는 바이다.

1990. 12. 10
부산 고신 의료원에서
장기려 識

· · · ·

역자 서문

남자들이여! 이 책을 읽으라! 가정에 문제의식을 느끼는 여자들도 이 책을 읽어야 한다. 이 세상의 모든 부부들은 반드시 이 책을 읽고 자신들의 결혼생활을 다시 점검해 보라. 결혼을 준비하는 남녀들도 이 책을 통해 결혼생활이 얼마나 어려운지를 알고 결혼을 미리 준비하기를 바란다. 모두들 이 책을 통하여 완성된 사랑을 체험할 기회가 되기를 바란다.

이 책은 결혼생활의 가장 핵심적인 요소인 서로를 이해하는 것을 다루고 있다. 부부 관계가 나빠지는 모든 원인은 서로에 대한 '이해'의 부족에서 오는 것이다. 이를 성취하기 위하여 저자는 쉬운 것으로부터 문제를 풀어 나가게 한다. 그는 심리학자로서 많은 임상 경험을 통하여 문제를 바로 지적하고, 바른 해결의 길로 우리를 인도한다. 그러나 무엇보다도 그에게 찬사를 보낼 수 있는 것은 그는 신앙인으로서 하나님께서 만들어 놓은 인간의 다양함을 이해하며, 하나님께서 원하시는 부부가 '한 몸'이 되도록 하신 하나님의 법칙을 터득한다. 이 하나님이 정하신 법칙에 순응하여 부부가 하나됨으로 나아갈 때에, 부부는 자연히 신앙을 얻게 되며, 이로써 부부는 성공적인 삶의 길로 들어가게 된다고 말한다. 그리고 그는 우리의 삶을 변화시키는 성령의 위대한 힘을 역설한다.

이 책은 기독교 가정에서 특히 대화가 잘 이루어지지 않는다고 생각하는 부부에게 가장 적절한 책이다. 가정이 이대로는 안 되겠고, 무엇인가를 통하여 나아져야 되겠다고 막연하게 생각하는 부부에게 각각 한 권씩 이 책을 꼭 안겨 주고 싶다.

이 책의 번역은 장기려 박사님의 추천과 남아공화국에서 오신 로빈손 선교사님, 나의 아내의 도움, 그리고 마지막으로 장기려 박사님의 손질 등으로 완성된 것이다. 이 번역판은 장 박사님의 손끝이 처음부터 끝까지 서려 있는 작품으로서 그의 이름만이 쓰여지기를 바랐으나, 그의 사양으로 말미암아 부득이 본인의 이름으로 출판하게 됨을 밝히는 바이다.

1990. 12. 10
고신대학 교수
한정건 識

C·o·n·t·e·n·t·s

목 차

이해하려면
그것을 **원해야** 한다.

무엇보다 중요한 것은
둘이 함께 결혼생활을 통하여
행복을 이루어가야 하는 그것이다.
이것은 노력해서 얻을 수 있는 것이지
이미 얻고 시작하는 특권은 아니다.

✿✿✿ ✿✿✿ ✿✿✿ 서로를 이해하기 위하여 ✿

며칠 전 뉴욕에서 온 외과의사 한 분을 소개받았는데, 나는 그와 쉽게 친해질 것 같은 느낌을 불현듯 받았다. 그러나 우리는 서로를 이해하는 데 당장 문제가 발생했다. 나는 다만 영어 몇 마디를 할 뿐이었고 그도 역시 몇 마디의 프랑스어를 할 뿐이었기 때문이다. 그래도 우리는 서로 통할 수 있었는데, 그 이유는 우리 둘 다 열렬히 상대방의 뜻을 알기를 원했기 때문이었다. 이것이 바로 우리가 연구하려는 주제이다.

상호 이해를 위한 첫째 조건은 이해하기를 바라고, 그것을 찾고, 그리고 이해하려는 의지가 있어야 함을 반드시 명심해야 하는 것이다. 이것이 다른 사람을 이해하기 위한 기본 태도이다.

대부분의 사람들은 결혼에 대해 높은 기대를 가지고 부

부생활을 시작한다. 한 십여 년 후 그들 중 얼마나 많은 사람들이 그들의 가정이 자신들이 기대했던 것과 같이 이루어졌다고 말할 수 있겠는가?

소원을 성취하지 못한 모든 사람들은 대부분 자신의 실패에 대해 자연히 남을 탓하는 경향이 있다. 그것은 상대방의 잘못 때문이라고 흥분한다. 그러나 이것은 전혀 쓸모 없는 일이다. 이는 부부간에도 쉽게 일어나는 일로서, 상대방에게 책임을 떠넘기려는 틀에 박힌 행동을 하거나 그렇지 않으면 그들의 운명을 탓하며 '이렇게 같이 살기 힘든 여자를 만나게 된 것은 나쁜 운명 때문'이라고 생각한다.

반대로, 그의 아내는 가정을 충분히 책임지지 못한 남편을 만나게 된 운명을 탓한다. 남편은 자신의 책임을 회피하기 위해 배우자의 성격, 신체적으로 허약한 것, 결점들, 여자의 가문, 그녀가 자라온 모든 환경의 영향 등을 트집잡는 경향이 있다.

그러나 결혼의 성공여부와 서로를 완전히 이해하는 문제는 일차적으로 상대방의 배경에 달려 있다고 생각하는 것은 매우 잘못된 생각이다. 사실은 그것이 아니다. 결혼생활은 우리의 매일매일의 노력에 의해 만들어지는 것이다. 루시엔 보벱 박사가 말한 것처럼 "결혼생활은 하나의 예술품이다."

그리고 무엇보다 중요한 것은 둘이 함께 결혼생활을 통하여 행복을 이루어 가야 한다. 이는 노력해서 얻을 수 있는 것이지 이미 얻고 시작하는 특권은 아니다. 이를 이루기 위해서는 먼저 서로를 이해하는 마음이 밑받침되어야 한다.

내가 보기에 가장 흔한 잘못은 솔직함의 결여에서 비롯되는데, 이에 해당하는 많은 부부들을 본다. 그들이 어려움에 직면한 배후에는 서로 상대를 향하여 마음을 열려고 하지 않는 것과 서로에 대한 충직성이 결여된 것을 항상 발견하게 된다. 이것 없이 진정한 이해란 있을 수 없다. 항상 모든 것을 털어놓고 대화를 나누는 용기있는 부부일지라도 많은 어려움에 처할 것이라는 데는 의심의 여지가 없다. 그러나 확실한 것은 그러한 사람들은 점점 견실한 결혼생활을 이루어 나갈 수 있다는 점이다.

많은 부부들이 평화를 위해 어떤 문제들은 뒤로 미루어

놓는다. 때때로 그들의 감정적인 차원에서 나오는 문제들로서 진정 그들이 상호 이해하기 위해 가장 중요한 문제인 경우에도 말이다. 그래서 남편과 아내 사이의 창은 깨끗한 데서부터 조금씩 조금씩 희미하게 바래져 가는 것이다. 그리하여 그들은 서로에게 생소한 사람들이 되어가기 시작한다. 그들은 결혼생활에서 하나님의 절대법칙인 '완전한 하나됨'을 상실하게 된다.

결혼을 처음 제정하실 때에 하나님은 "더 이상 둘이 아니요 하나이다"라고 선언하셨다. 하나가 되기 위해 서로에게 비밀이 있어서는 안 된다는 것은 너무도 당연하다. 서로가 어떤 일을 숨기기 시작하는 순간 결혼의 근본이 되는 하나됨에 대한 위협이 시작된다. 그들은 실패의 길로 가고 있는 것이다.

비록 선한 의도에서 이것을 숨기면 좋을 것같이 생각하여 그러하는 경우에도 결과는 마찬가지이다(우리는 부끄러운 것을 숨기려는 것과 같이 자랑스러운 것도 쉽게 숨길 수 있다). 우리는 옛 일들을 청산하고 다시 새로이 시작하려 하고 또 화목하려고 시도한다. 그러나 상호간에 솔직함이 없이는 재출발이란 항상 더 깊은 수렁에 빠지는 길일 수밖에 없다.

내 남편은
신비로운 섬과 같다.

참으로 신비로운 섬과 같은
남자들이 있다.
그들은 어떠한 접근으로부터도
자신들을 보호하려고 한다.
그들은 더 이상 자신을 표현하지 않으며,
자신의 뚜렷한 태도를 결코 보이려고 하지 않는다.

✿✿✿ ✿✿✿ ✿✿✿ 서로를 이해하기 위하여 ✿

많은 부부에게 있어서 처음 서로 사랑하게 된 시절을 회상하는 것이 고통스러운 일이 될 경우가 있다. 그때는 서로가 이해하는 것처럼 보였다. 왜 그런가? 그 이유는 그들은 서로 대화를 나눌 수 있었기 때문이다. 그들은 서로의 마음을 열었고, 서로를 이해하고 또 이해받고 있음에 크나큰 즐거움을 누렸다. 한 사람의 솔직함이 상대방의 마음을 열게 한다. 자신의 약혼녀의 진실됨을 발견한 남자의 감정이 그녀에게 전달되었고, 그녀는 그 남자에 의해 이해받는다는 사실을 느끼고는 행복했다. 남자도 또한 마찬가지였다.

그러나 이제는 서로가 더 이상 이야기하지 않는다. 실로 그들은 많은 이차적인 것들, 그들에게 외적인 것 혹은 하찮은 것들은 이야기하면서도 참으로 본질적이고 친밀하고 개인적인 것들은 이제 더 이상 언급하지 않는다. 대화는 단절

되었고 다만 표면적 정보만 주고 받는 정도이다.

심지어 어떤 부부들은 전혀 서로 이야기하지도 않는다. 몇 주간 단 한마디의 말도 하지 않고 견디어 내는 사람들을 나는 알고 있다. 침묵은 가정에 무서운 분위기를 조성한다. 식탁을 두고 부모 중 한 쪽은 전혀 말하지 않고 또 다른 한 쪽은 그 지독한 공허로부터 벗어나려고 말하기를 쉬지 않는다고 생각해 보라. 그러한 분위기 속에서 자라나야 하는 아이들이 어떠하겠는가?

연애기간 동안의 아름다웠던 호기심을 재발견하려 하지만 서로를 이해하려는 욕구는 다 사라졌다. 남편은 이제 아내에 대하여 잘 안다고 믿는다. 그래서 그녀가 말을 시작하자마자 그는 "당신은 여전히 그 케케묵은 이야기를 끄집어 내는군"이라고 하면서 귀찮은 듯한 표정을 한다. 이와 같은 반응을 보이는 얼굴 앞에 감히 그녀는 어떻게 자신을 표현하려 하겠는가? 이렇듯 그녀가 자신을 덜 표현하면 할수록 그녀는 덜 이해되어진다. 그리고 그녀가 덜 이해되어졌다고 느낄수록 보다 더 자신 속으로 움츠러들게 될 것이다. 상대를 발견한다는 스릴을 잃어버렸다. 만약 당신이 당신의 아내나 남편을 안다고 자만한다면, 이는 당신이 그를 발견하려는 진정한 노력을 포기했기 때문이다. 그렇게 되면 남편에 관한 당신의 생각과 남편의 실제 모습과의 차이는 점점 더 커져 갈 것이다.

상대방의 참된 모습을 발견하는 것은 절대로 쉬운 일이아니다. 어느 날 아주 심각한 걱정거리로 나를 찾아온 한 여자를 기억한다. 면담이 끝날 즈음 나는 그녀에게 "당신의 남편은 그 문제에 관해 어떻게 생각합니까?"라고 물었다. 그녀는 "오, 나의 남편은 신비로운 섬(island)입니다. 나는 영원히 그 주변을 맴돌 뿐 내가 정박해야 할 해안을 결코 찾을수 없습니다"라고 말하였다. 나는 그녀를 이해했다. 왜냐하면 그것은 사실이기 때문이다.

참으로 신비로운 섬과 같은 남자들이 있다. 그들은 어떠한 접근으로부터도 자신들을 보호하려고 한다. 그들은 더이상 자신을 표현하지 않으며, 자신의 뚜렷한 태도를 결코보이려고 하지 않는다. 그들은 아내가 중요한 문제를 의논하러 오면 신문 뒤로 자신의 몸을 숨긴다. 그들은 신문에 깊이 열중하는 체한다. 그들은 쳐다보지도 않고 관심없다는 식의 음성으로 모호한 대답을 한다. 그들의 대답은 어떤 꼬투리도 잡히지 않는다. 그렇지 않을 경우에는 우스갯소리를 함으로 심각한 논제를 피한다.

이해를 위해서는
자신을 표현해야 한다.

어떤 사람이
자신을 쉽게 표현하는 데는
상대방이 관심있게 경청해 주는
태도와 따뜻함과
친절한 수용의 느낌이 필요하다.

✿✿✿ ✿✿✿ ✿✿✿ 서로를 이해하기 위하여 ✿

다른 사람을 이해하기 위한 첫 조건이 이해하려는 의지라면, 두 번째 조건은 자신을 표현하는 것이다.

모든 사람은 자신을 표현할 필요가 있다. 이러한 기회가 없게 되면 사람은 건강하게 지내지 못한다. 물론 부부관계만이 자신을 표현하는 유일한 통로는 아니다. 이것은 사회적 활동에서도 다른 사람과의 관계를 위해서 필요하다. 친구, 형제, 자매, 친척 등의 관계에서 우리는 언제나 자신을 표현하며 산다. 그런데 어떤 사람이 결혼했다면 그가 배우자에게 표현하고 싶은 욕구는 매우 높을 수밖에 없다. 자신이 아내의 얘기를 한 번도 들어 주지 않음으로 인해 아내의 건강이 좋지 못하게 되는 것도 알지 못하고 그 허약함을 불평하는 남편들이 있다. 어떤 사람이 자신을 쉽게 표현하는 데는 상대방이 관심있게 경청해 주는 태도와 따뜻함과 친절한 수용의 느낌이 필요하다.

우리는 각자가 마주쳐야 할 것을 회피하게 되는 원인을 쉽게 찾아낸다. 어느 한 부인은 내게 '내가 중요한 것을 가지고 남편에게 이야기를 시작하려면 그는 모자를 쓰고 외출해 버린다'고 불평을 털어놓는다. 그러나 또 어떤 부인은 다른 어떤 일을 돌아보기 위해 남편과의 중요한 대화를 곧잘 중단하기도 한다. 그러나 그러한 대부분의 일은 남편이 사무실에 있을 때에 해도 충분히 할 수 있는 것들이다. 우리는 서로가 대면하게 되는 상황을 도피하기 위해 구실을 찾곤 한다. 사실 결혼한 부부들이 대화를 회피하는 이유는 그들의 깊은 곳이 드러나는 것을 두려워하기 때문이다. 이를 위해 그들은 충분한 시간을 내려고 하지 않는다. 그들은 한가한 휴가 때에도 마음을 산만하게 할 여러 가지 일들을 찾으며, 친구를 초청하여 부부 단둘의 고요하고 평안한 기회를 피한다.

진정한 결혼생활을 이루기 위해서는 많은 시간을 가져야 한다. 미국 사람들이 금요일 저녁 시간을 갖는 정도보다 훨씬 더 많은 시간들을 서로를 위해 가져야 한다. 짧은 시간으로는 깊은 대화를 이끌어 내지 못하며, 인내를 가지고 조심스럽게 오랜 시간을 계속해서 부부가 함께 진정한 이해를 창출해야 한다.

이해를 위하여
용기가 필요하다.

진실로 깊은 이해를 위해서는

개인의 내적 사고를

남에게 완전히 보이는 것이

절대적으로 필요하며

이를 위해서는 상당한 용기가 필요하다.

✿✿✿ ✿✿✿ ✿✿✿ 서로를 이해하기 위하여 ✿

용기의 필요성에 대한 내용을 접하면서 자기 자신을 쉽게 열 수 있다고 생각해 오던 많은 독자들은 깜짝 놀랄 것이다. 어느 정도까지 우리는 자신을 열 수 있지만, 그러나 완전히 그렇게 하지는 못한다. 어떤 명랑하고 사교성이 많은 사람들은 남들에게 쉽게 자신을 열 수 있다고 말하지만, 그러나 사실상 이것은 다만 표면적인 모습일 뿐이다. 그들의 깊은 생각과 감정은 쉽게 떠드는 단어 그 배후에 숨겨져 있다. 이는 자신감을 상실한 정신질환자가 자신을 침묵 속에 감추는 것과 똑같다.

진실로 깊은 이해를 위해서는 개인의 내적 사고를 남에게 완전히 보이는 것이 절대적으로 필요하며, 이를 위해서는 상당한 용기가 필요하다. 자기 남편에 대해 말한다는 어떤 부인의 이야기를 한참 듣고 있노라면, 그녀가 남편에 대해 이야기하는 것보다 자신에 대해 더 많은 말을 하고 있었다. 나는 그녀에게 "정말 당신은 남편을 두려워하고 있군요"라고 말했다. 우리의 대화 분위기가 무르익고 있었기에 그녀는 "예, 나는 남편을 두려워합니다"라고 솔직하게 고백할 수 있었다.

아내들만이 두려움을 느낀다고 생각하면 큰 오산이다. 남편들 역시 아내를 두려워한다. 남자들은 여자들보다 더 대담하기 때문에 자신의 두려움을 시인하는 데 상당한 어려움이 있다. 이것이 남녀의 차이이다. 여자는 쉽게 자신의 두려움을 나타내는 반면, 남자들은 그것을 감춘다. 예를 들면 남자는 그 두려움을 그의 권위적인 태도로 숨기고, 거칠고 자르는 듯한 한마디의 말로 아내의 말을 중단시키며, 그는 자신이 두려워하는 대화를 종식시킨다. 좀더 나은 경우 그는 그 대화의 중단에 대한 자신의 책임을 면하기 위해 과장되고 지적이고 과학적인 말들로써 교묘하게 빠져나간다. 그는 항상 마지막 말을 자신이 하기를 원하며, 자신의 두려움과 정반대되는 말을 많이 함으로 자신을 숨기려고 한다. 또한 화를 내거나 고집스런 침묵을 통해 같은 목적을 달성하기도 한다.

이 두려움이란 무엇인가? 여기에는 두 가지가 있다. 첫째, 판단받는 것에 대한 두려움, 즉 비판에의 두려움이다. 이것은 보편적 두려움이며 우리가 일반적으로 생각하는 것보다 더욱 심각한 것이다. 더구나 이것은 아내나 친한 친구, 우리가 존경하고 사랑하는 사람들로부터 결정적인 판단을 받는 것에 대한 두려움이다. 정확하게 말해서 이는 그들의 존경과 사랑이 우리 자신에게 크게 가치있는 것으로 여겨지기 때문에 오는 것이다.

우리 모두는 스스로 현명한 판단을 할 줄 아는 사람들임을 생각하자. 만약 우리가 진실로 정직하기를 원하고 사람들에게 자신을 솔직하게 보이기를 원한다면, 즉 끊임없이 우리의 삶을 남에게 매력적으로 보이려고 애쓰는 것을 그만두고 싶다면, 자신이 부끄럽다고 여기는 것들을 꼭 이야기해야만 한다는 사실을 우리는 잘 알고 있다. 물론 우리를 가장 잘 알고 있는 사람이 우리의 약점을 알고 있으며 그리고 그것에 대해 비판할 수 있는 사람들이다.

이러한 점이 많은 부부가 숨바꼭질하는 이유이다. 그들은 보다 솔직한 대화를 하면 자신이 가장 민감하게 느끼는 상처들이 드러날까 두려워서, 자신의 상처들을 가장 가까운 사람에게도 숨기려고 하는 것이다.

많은 부부들이 서로를 너무 빨리 판단하는 것이 사실이다. 한 사람의 판단이 다른 사람의 것에 반응하고 이것이 끝도 없는 악순환의 원인이 되기도 한다. 다른 사람으로부터 자신의 잘못을 숨기기 위해 각각 다른 이의 결점을 내적으로든지 아니면 겉으로 드러내면서 공공연히 비판한다. 우리들의 배우자가 자신과는 매우 다르게 행동한다는 사실을 받아들이는 사람은 거의 없다. 그러나 이와는 반대로 우리는 너무나 자주 "나의 남편을 이해할 수 없다" 혹은 "나의 아내를 이해할 수 없다"라는 말을 되풀이 한다.

여기에 심하게 의심이 많은 아내가 한 명 있다. 그녀는 때때로 남편에게 온 편지를 열어본다. 이러한 행동에 대해 남편은 "나는 남편에 대한 존경심이 그렇게 없는 것을 도무지 이해할 수 없다"라고 내게 말한다. 그러나 우리는 이 신뢰하지 못하게 된 원인과 배경에 대하여 이해하는 것이 중요하다. 여기에 또 자기 아들이 엔지니어가 되어야 한다고 고집하는 아버지가 있다. 그 어머니는 "우리 아이는 시간을 낭비하고 있어요. 왜냐하면 아들은 남편처럼 연구를 좋아하기 보다는 음악과 재즈를 더 좋아하기 때문이죠. 나는 남편을 도무지 이해할 수 없어요"라고 투덜댄다. 우리는 그 아버지의 삶에 있었던 어떤 사건이 그로 하여금 아들을 엔지니어로 만들어야 되겠다는 고집스런 욕구를 가지게 했는지를 아는 것이 중요하다.

어떤 남편은 "나의 아내를 이해할 수 없다. 피곤하다고 불평하면서 저녁이 되면 자려고 하지 않는다. 그녀는 수천 가지 쓸데없는 일들을 한다. 내가 자라고 말해도 쓸모 없다. 아무것도 소용없다. 둘 다 미련하고 성가신 일이다"라고 말한다. 무엇이 그녀를 저녁 내내 그렇게 불안하게 만드는가를 아는 것이 중요하다. 남편이 아침에 일어나는 것을 왜 그렇게 어려워하는지 이해하지 못하셨다고 불평하는 한 아내가 있다. "몇 번이나 남편을 깨워야 하고, 그래서 그가 일어나면 아침 먹을 시간도 없고, 항상 늦게 사무실에 도착하게 된다. 그러다가 직장을 잃고 말 것이다. 도무지 이해할 수 없는 행동을 하고 있다"라고 말한다. 흥미 있는 일은 왜 이 남자가 아침에 일어나는 것이 어려운가를 발견하는 것이다.

그는 아마 자신도 그 이유를 모를 것이다. 그가 아는 사실은 수년 전 그의 어머니도 똑같은 말로 야단쳤었고, 그리고 자신은 잘해 보겠다는 각오를 했으나 이루지 못하고 있다는 것뿐이다.

"내가 이해하지 못하겠다"라는 말의 진정한 의미는 "나는 남편이 왜 나와 생각하는 것, 느끼는 것, 그리고 행동하는 것이 전혀 다른지 이해하지 못하겠다"는 말이다. 그리고 남편은 아내로부터 자신이 판단받고, 정죄받고, 비난의 대상이 된다는 것을 느끼게 된다. 우리 모두는 이것을 두려워하면서 살고 있으며, 자신감을 가지고 사는 사람은 아무도 없다. 우리는 특히 자신에 대해서 어리석다고 시인하면서도, 아무리 노력해도 고칠 수 없는 자신의 단점에 대해 비판

받을 때에 매우 예민해진다.

둘째 충고를 받는 것이다. 사무실에서 어려움을 겪는 남편을 예로 들어 보자. 처음 그는 아내에게 이러한 어려움을 언급하지만, 그러나 아내는 이것을 도와주려는 열심으로 너무 성급하게 "당신은 그 쓸데없는 동료를 꼭 없애야 해요. 당신이 강해야지 그렇지 않으면 당신 친구가 당신을 짓밟을 거예요. 당신은 너무 약해요. 내가 몇 번이나 이미 말했잖아요! 당신 과장에게 가서 이것을 다 보고하세요…"라고 대답한다. 다른 말로 하면 남편이 수용할 수 없는 충고를 하는 경우이다. 아내는 남편 자신이 반드시 대면해야 할 문제의 복잡성을 인식하지 못하고 있다. 그리고 남편은 아내가 이 문제의 책임이 자기에게 있다고만 생각한다고 느낀다. 또한 아내가 자기를 늘 아이와 같이 취급한다고 생각한다. 자신의 불안을 이야기하는 것으로 시작했던 남편은 아내가 엉뚱한 반응을 보이게 되자 움츠러들게 된다. 아내에게 일과 관련된 복잡한 문제들의 여러 면을 이야기하기 전에 그의 희망은 다 사라졌다. 아내의 의도는 좋았으나 그녀는 모든 것을 너무 빨리 서둘러 대답하는 바람에 망쳐버렸다. 그녀는 더 오래 들었어야 했고, 남편의 심정을 더 이해하려 했어야 했다.

아내가 남편을 도우려고 했지만 그 의도와는 다르게 빗나갔다는 사실이 비극이다. 아내의 역할 중 가장 큰 것은 사회생활 속에서 타격받고 있는 남편을 위로하는 것이다. 그러나 위로하기 위하여 많은 말을 할 필요는 없다. 듣고 이해하고 사랑하는 것이면 충분하다. 울면서 어머니 무릎으로 뛰어드는 어린아이를 보라. 그녀는 한마디도 안 하지만 어느새 눈물은 멈추고 아이는 다시 뛰놀며 얼굴에 미소를 머금게 된다. 그리고 새로운 타격을 받게 될지도 모르는 세상으로 다시 나가게 된다. 모든 남자들 중에서 가장 뛰어나고 강해 보이는 사람들까지도 위로가 필요한 아이와 같은 면을 가지고 있다.

우리가 조금 전에 이야기한 바 있는 그 부인이 10여 년 후 나의 사무실에 와서 "집에 손님이 올 때마다 남편은 자신의 일에 대해 굉장히 많이 이야기합니다. 이 때 내가 남편의 사업에 대해 알게 되는 유일한 기회랍니다. 그러나 나는 그의 사업에 대해 정말 알고 싶어요. 우리 둘만 있으면 그는 아무 말도 안 합니다. 남편이 무슨 생각으로 가득 차 있음을 느껴서 내가 물으면 그는 그런 것들을 내가 절대 이해하지 못할 것이라고 말해 버린답니다"라고 말했다. 그 부인은 자신이 남편의 마음의 짐을 덜게 할 능력을 마비시킨 장본인이라는 것을 인식하지 못한다.

사람들은 항상 우리가 생각하는 것보다 훨씬 더 민감하다. 비록 그들이 그것을 감추지만 남자들도 여자들과 똑같이 상처를 쉽게 입는다. 그들은 비판적인 충고를 받음으로써 상처를 입을까 두려워한다. 무슨 문제든지 자신에게는 거칠 것이 없으므로, 옳은 일을 하기 위해서는 이렇게 해야 한다는 식으로 남편에게 자신있게 말하는 부인은 남편을 무능한 사람이라고 생각하고 있다는 인상을 준다. 이것을 견디어 낼 남편은 아무도 없다.

물론 반대로 남편 역시 아내가 자기의 문제를 털어 놓을 때 다 아는 것처럼 그녀에게 좋은 충고하기를 원하는 양 반응한다면 똑같은 일이 일어날 것이다. 그녀는 아마 이웃의 짓궂은 눈살로 인해, 혹은 엘레베이터 안에서 있었던 언짢은 말로 인해 갈등을 가질 수 있다. 남편은 무심코 "심각하게 생각하지 마라, 무엇이 그리 중요하냐"라고 급히 반응한다면 아내는 남편에 의해 오해받았다고 느낀다. 그녀는 남편이 자기 편에 서주는 대신 그 이웃의 편을 드는 것 같은 느낌까지도 받게 된다. 그래서 그녀는 사실 날마다 받게 되는 오해들에 대하여 더 예민하게 된다. 또한 그녀는 남편에게 이야기함으로써 자기의 짐을 풀고 가뿐해지기를 원하는 마음을 더 이상 느끼지 않는다.

진정한 이해의 성취를 위해서 우리는 대답하는 것보다 듣는 것이 필요하다. 우리는 오랫동안 그리고 관심있게 듣는 것이 필요하다. 그 사람이 마음을 열도록 도와주기 위해 그에게 시간을 주어야 하며, 가능한 한 조심스럽게 몇 개의 질문만 하여 그로 하여금 자신의 경험을 잘 설명할 수 있게 도우는 것이다. 무엇보다 중요한 것은 그가 반드시 무엇을 해야 하느냐에 대해 그보다 당신이 더 많이 알고 있다는 인상을 주지 말아야 한다. 그렇지 않다면 우리가 그를 움츠려 들도록 강요하게 되는 것이다. 사람 속에 있는 감정은 아주 예민하므로 우리가 너무 많은 비판을 해도 이와 같이 된다.

"나는 아내에게 걱정을 끼치는 짐을 지우기를 원치 않는 다. 나의 문제는 나만 가지고 있겠다"라고 말하는 남편들도 있다. 그렇게 생각하는 남편들이 신실한 것같이 보이나, 그 러나 그들은 자신을 속이는 것이다. 마음을 털어 놓으려고 하지 않는 이유가 항상 더 깊은 데 있다. 어떤 경우이든 나 눔이 없는 생활은 결혼에 실패하고 있다는 증거이다. 여자 가 남편으로부터 지지를 받고 있을 때는 어떤 불안도 견딜 수 있으며, 남편과 함께 모든 어려움을 감내할 수 있다. 여 자에게 있어서 가장 큰 걱정은 남편이 자기와 함께 짐을 나 누려 하지 않는 문제로 인하여 쓰러질까 하는 것이다. 세상 에는 오해받는 많은 사람들이 있다. 그러나 우리가 자세히 그들을 살펴보면 그 책임이 적어도 부분적으로는 그 본인에 게도 있다는 사실을 알게 된다. 만약 그들이 오해받는다면 그것은 그들이 마음을 열지 않기 때문이다.

그렇다면 왜 많은 사람들이 내 사무실에 와서 "당신에게는 내 마음을 열 수 있습니다. 왜냐하면 당신은 이해하니까요"라고 말하는가? 사실은 그 반대이다. 그들이 마음을 열기 때문에 내가 이해한다. 때로 내가 그들의 배우자보다 더 잘 이해한다. 이는 그들 사이에 숨기고 있는 모든 것을 나에게 다 말하기 때문이다. 의사(정신과)는 보다 중립적이다. 의사는 경험이 더해 갈수록 남을 비판하고 판단하려는 마음이 없어진다. 그리고 상대가 충고를 받아들일 준비가 되어 있을 때만이 그들에게 충고를 통해 도움을 주려고 시도한다. 또한 의사는 그의 환자에 대해 아무것도 알고 있지 않다. 그는 다만 환자의 입을 통해서만 알게 된다. 물론 의사는 환자가 자기에게 유리한 쪽으로 문제점을 유도하는 데 넘어가서는 안 된다. 그러나 이것까지도 의사에게는 그가 중립적인 청중의 위치에 있다는 증거가 된다. 삶에서 중요한 것은 사실 자체가 아니라 그 사실을 우리가 보고, 그리고 해석하는 태도이다.

말하는 이를 이미 잘 알고 있는 사람은 그에 대해 선입

관을 가지고 있다. 그러나 그 선입관은 항상 어느 정도 가짜이고, 그리고 항상 말하는 이의 의미를 어느 정도 왜곡하게 된다. 우리 같은 전문의들도 오랫동안 한 환자를 치료할 때에 그 환자에 관한 우리의 의견이 바닥나게 되고, 드디어 그가 마음놓고 이야기하지 않으려는 상태가 될 때에 가서야 이와 같은 사실을 알게 된다. 그 환자는 더 이상 모든 것을 우리에게 다 말하지 않고 다만 우리가 이해할 것이라고 생각하는 것만 말한다. 또다시 오해받을까 하는 두려움이 그에게 나타나기 시작한다. 결국 그의 마음을 다시 열게 하기 위해서는 우리가 이미 가지고 있는 그에 대한 선입관들을 버려야 한다. 마치 그가 우리를 처음보는 것처럼 말이다.

남편과 아내 사이에서도 마찬가지이다. 각자는 상대방에 대하여 가지고 있는 어떤 인상이 부분적으로 옳을지 모르나, 반대로 부분적으로 틀릴 수도 있다. 어쨌든 이것은 상상에 근거한 선입관이고, 다른 이에 의해 강요되었을지 모를 아이디어이며, 그에 대한 일종의 자신의 편견에 의해 형성된 것일 수 있다. 환자를 진찰할때 종종 오진하게 되는 원인은 의사가 자신에 대해 너무 자신감을 가질 때 발생하게 된다는 사실은 잘 알려진 일이다. 의사가 환자를 성급하게 진단할때, 그는 환자의 다른 모든 증상을 이해하는 데 둔감하게 된다. 아내가 그를 향해 부도덕성의 진단을 내렸다고 남편이 느끼게 되는 순간 모든 진정한 개방과 자신의 깊은 표현은 닫혀 버리고 만다. 그렇게 되면 남편은 사무실이나 스포츠 클럽에서 만나는 아가씨와 이야기를 시작할지 모른다. 그는 더 이상 감히 자기 아내에게 이야기하려고 하지 않을 것이며, 대신에 그러한 아가씨에게로 대화의 상대를 바꿀 것이다. 이것을 계기로 그는 모든 인간이 목말라 하는 이해받고 싶은 이 훌륭한 충동을 다시 느낄 것이다. 그는 자신의 결혼생활의 문제까지도 그녀에게 아마 이야기할 것이다. 남자는 자신들의 결혼생활에의 실망을 수단으로 삼아 여자의 마음을 쉽게 움직인다. 나의 사무실에서 이와 같은 남자는 쉽게 "나는 그 젊은 여자 없이는 살 수 없어요. 제 아내가 나를 이해하지 못하는데 그녀는 이해해요"라고 말할 것이다. 이로써 비극은 시작된다.

이해하려면
사랑이 필요하다.

사람은 감정에서 나오는 깊은

비밀스러운 것을 나누기 위해

진정한 사랑을 받고 있다는 것을 느낄 필요가 있다.

그래서 그의 삶에서 그를 위한 하나님의 신비로운 뜻이

어느 날 그에게 일어나게 되는

이상한 경험으로까지 발전해 나갈 수 있게 된다.

❋❋❋ ❋❋❋ ❋❋❋ 서로를 이해하기 위하여 ❋

사랑과 이해는 서로 밀접한 관계로 존재한다는 것은 명백한 사실이다. 이것은 아주 밀접하여 하나가 어디에서 끝나고 또 다른 것이 어디에서 시작하는지, 그리고 둘 중 어느 것이 원인이고 어느 것이 결과인지 전혀 구분지을 수 없다. 사랑하는 사람은 이해하고 이해하는 사람은 사랑한다. 이해되어졌다고 느끼는 사람은 사랑받는다고 느낀다. 그리고 사랑받았다고 느끼는 사람은 확실히 이해되어졌다고 느낀다.

사람은 감정에서 나오는 깊고 비밀스러운 것을 나누기 위해 진정한 사랑을 받고 있다는 것을 느낄 필요가 있다. 그래서 그의 삶에서 그를 위한 하나님의 신비로운 뜻이 어느 날 갑자기 일어나는 이상한 경험으로까지 발전해 나갈 수 있게 된다. 그가 깊이 간직하는 꿈과 같은 이상을 이야기할

지도 모른다. 또한 그가 이 세상에서 이룩해야만 할 선교와 같은 그런 내적 소명을 말할 수 있을 것이다. 그는 그것을 다른 이에게 감히 이야기할 수 없다고 생각할 것이다. 이것을 말하면 조롱거리가 되거나 혹은 아무 소용없는 하소연이 될 것이 아닌가 하는 두려움을 가진다. 그런데 갑자기 이유도 알지 못한 채 그가 오랫동안 감추어 오던 비밀을 드러낼 만한 이해의 대상자를 만나 그것을 실토하게 된다. 가장 깊은 비밀을 나누는 일은 감격적이며 매우 황홀하다. 그때에 수천 가지의 두려움이 우리의 마음을 설레게 한다. 무엇보다 가장 큰 두려움은 혹시나 울음을 터뜨리지 않을까 하는 것이다. 특히 이 기억이, 혹은 감정이 갖게 되는 엄청난 중요성을 상대방이 느끼지 못하지나 않을까 하는 두려움 같은 것도 있다. 이와 같은 어려운 나눔이 혹시 조롱하는, 혹은 아무 심각함을 느끼지 못하는 반응으로 되돌아올 때, 이것은 얼마나 고통스러울 일인가?

이것은 남녀 사이에서도 일어날 수 있다. 이해되지 않는 상태에서 그 배우자가 내면의 깊은 것을 이야기했을 때, 그는 무서운 고독이라는 감정에 빠지게 된다. 이로 인하여 그는 병들게 될 수도 있다. 이와 같은 경우 어떤 이는 목사나 신부를 찾게 되고 또 어떤 이들은 의사(정신과)를 찾게 된다. 그들은 단순히 자신을 이해해 줄 사람을 찾는다. 그가 치료를 받기 위해서 의사나 혹은 하나님의 사람들의 도움이 필요하게 된다. 그러나 때로는 아내 혹은 남편이 그 배우자에게 동일한 도움을 줄 수 있다. 만약 목사나 의사, 심리학자, 혹은 의사들이 상대의 말을 들을 때에 하는 것같이 아내와 남편도 그렇게 정성스런 배려를 할 수만 있다면 말이다. 부부가 서로를 도와줄 수 있다는 사실을 알게 될 때 그것이 얼마나 아름답고 위대한 일인가!

인간은 반드시 자신의 말을 들어 줄 상대가 필요한 존재임을 우리는 심각하게 인식해야 한다. 인간은 이해되어져야 하는 필요성이 있음을 아무리 강조한다 해도 지나치지 않은 것이다. 교회는 항상 이것을 알고 있다. 현대 심리학은 이것을 우리의 관심사로 대두시켰다. 모든 심리요법의 핵심은, 어린아이가 모든 것을 그 어머니에게 다 말하는 것과 똑같이 서로가 다 말할 수 있게 되는 관계의 상황을 만드는 것이다. 적어도 한 사람에 의해서 이해되어진다는 느낌없이 충만한 삶을 발견하고 이 세상에서 자유롭게 발전할 수 있는 사람은 아무도 없다. 오해받게 되면 사람은 자신감을 잃게 된다. 그는 삶에 대한 신념을 잃게 되고, 나아가서 하나님에 대한 믿음도 소멸하게 된다. 그에게는 전진이 차단되고 퇴보만 남게 된다.

여기에 보다 더 큰 신비가 있다. 자기 성찰이나 개인적 일기만을 통해 자신을 알게 되는 사람은 아무도 없다. 오히려 이것은 대화 속에서 이룰 수 있으며, 다른 사람들과의 만남을 통하여 얻을 수 있다. 그가 실제로 그러한 사실을 깨닫는 것은 사람들에게 자신의 신념을 표현할 때뿐이다.

자신을 살펴보고자 하는 사람은 먼저 자신이 선택한 믿을 만한 사람에게 자신의 내면을 보여 주어야 한다. 그 상대는 의사가 될 수 있고, 친구 혹은 배우자가 될 수 있다.

결혼생활은 나 자신과 배우자를 계속해서 발견하는 위대한 모험이라고 표현할 수 있다. 그들은 매일 그들의 삶의 지평선을 넓혀 나가며, 생에 대해 새로운 그 무엇을 배우는 기회를 얻고, 인간의 존재와 하나님에 관해서도 배울 수 있는 기회를 얻는다. 이것이 바로 성경의 시작부분에 하나님께서 "남자가 독처하는 것이 좋지 않다"고 말씀하신 이유이다. 여기 남자란 인간을 의미한다. 즉 다시 말하면 "인간이 혼자 있는 것이 좋지 않다"는 뜻이다. 인간은 친교를 필요로 한다. 인간은 상대방, 즉 다른 사람과 진정한 만남이 필요하다. 다른 사람을 이해해야 하며, 그리고 다른 사람이 자기를 이해한다는 것을 느껴야 한다.

성경에 의하면 하나님께서 결혼을 제정하신 의도가 바로 이것이다. 사람은 혼자 있으면 진보도 없고 제 자신의 사고방식에 고정되어 버린다. 결혼생활에서 남과 어울리고 부딪침을 통하여 그는 반드시 자신을 벗어나야 하고, 발달하고 자라고 성숙해야만 한다. 결혼생활이 결혼의 본질은 숨겨진 채, 두 사람의 단순한 공존으로 저하된다면, 비록 이런 삶이 때로는 화평한 것 같으나 이것은 결혼의 목적을 완전히 상실한 것이다. 그렇다면 그들은 결혼생활만 실패한 것이 아니라, 그들 자신의 삶도 실패한 것이다. 그들은 남편과 아내로서의 소명도 실패했다. 한 사람의 배우자를 이해하는 데 실패하는 것은 자기 자신을 이해하는 데 실패하는 것이다. 이것은 또한 성장에의 실패요, 한 사람의 가능성을 이룩하는 것에도 실패이다.

결혼관계를 전문으로 다루는 심리학자들은 이 점에 대하여 우리에게 많은 것을 깨닫게 해 준다. 그들은 세 가지 다른 단계를 이야기한다. 그 첫 번째가 "밀월 단계"이다. 이때에 배우자들은 서로를 쉽게 그리고 놀랍게도 잘 이해한다고 느낀다. 그들은 흔히 "나의 약혼자가 모든 면에서 나와 같은 취향을 가지고 있다. 우리는 매우 비슷하고 모든 것에 동의하며, 서로간에 모든 것을 이야기할 수 있다. 내가 뭐라고 이야기하기 전에 그는 이미 나와 같은 생각을 가지고 있다. 그는 나의 모든 기대를 알고 나의 모든 감정을 이해한다"라고 말한다.

결혼 초기는 여전히 "밀월 단계"이며, 아직 자연스러운 상호간의 이해와 완전한 동일감을 가진다. 본능에 의해 우리는 우리들 자신을 보충할 동반자를 선택한다. 청소년기의 어떤 감정적인 억압들 속에 묻혀 있던 사람은 동반자에게서 자신이 소유하지 못한 무엇인가를 발견하게 된다. 그래서 각자는 훌륭한 완전성을 느끼게 된다.

그런 후 결혼생활의 두 번째 단계가 온다. 앞서 이야기 했던 그 심리학자들에 의하면 이는 보통 결혼생활 5년째에 서 10년째 사이에 나타난다고 한다. 이 단계에서 각자는 그 들이 생각했던 것처럼 그렇게 서로가 동일하지 않다는 것을 알게 된다. 그는 여태껏 주시하지 못했던 단점들을 발견하 게 되거나, 혹은 그 전에는 행복한 결혼생활의 영향으로 곧 없어지리라고 확신했던 단점들을 발견하게 된다. 이제 새삼 스럽게 느껴지는 이런 단점들은 가장 고치기 어려운 것들이 다. 즉, 성내는 것, 이기심, 거짓말, 욕심, 난폭한 것, 무례 한 것, 그리고 술취함 등이 포함된다. 이런 것들을 통해 상 대방은 얼마나 많이 실망하는지 모른다. 처음에는 아주 부 드럽게 그 상대방을 설득한다. 그 후 조소하고 애원하다가 마침내 위협까지 한다. 그러나 이런 방법들이 아무 소용이 없게 되자 "나는 그를 도무지 이해할 수 없다…"라는 통상적인 표현으로 투정한다. 그 다음에는 갈등의 위험을 축소하기 위해 자신 속으로 파고들거나, 포기해 버리고 싶은 유혹에 빠지게 된다.

이제는 제삼단계로 들어가게 된다. 이 단계는 앞에서 어떻게 결정하였는가에 따라 상황이 다르게 발전된다. 한편으로는 행복에의 추구를 점차적으로 포기하거나, 원한, 비통함, 그리고 반항 등으로 발전될 수 있다. "나의 남편은 내가 믿었던 그런 남자가 아니다…", "내 아내는 내가 생각했던 그런 여자가 전혀 아니다"라는 상태가 된다. 이때 그들은 이혼을 생각하게 되거나, 그렇지 않으면 전혀 안정을 찾지 못한 상태에서 끊임없이 싸우면서 살게 된다. 간혹 한 사람이 완전히 자신의 개성을 포기하고 그 상대방에게 굴복함으로 문제를 해결하려고 할 수도 있다. 때로 그들은 훨씬 더 나쁜 타협을 할 수도 있다. 즉 그들은 서로에게 움츠러들 것이고, 제 자신의 삶만 따로 하고, 상대방에 대해 더욱 비밀스러워지게 된다.

그러나 해결할 수 있는 방법이 있다. 즉, 그 상황에 용기를 가지는 것이다. 이 뜻은 현실을 용감하게 받아들인다는 것을 의미한다. 다시 말하면 상대방을 있는 그대로 받아들이고, 그에게 가졌던 매혹되었던 옛 생각을 버리는 것이다. 이것은 이제 전혀 매력을 느낄 수 없는 그 상대방을 이해하려고 노력하는 것을 의미한다. 그는 참으로 많은 단점들을 가졌다. 그는 도저히 해결할 수 없는 문제투성이의 사람이다. 그는 자기 자신을 이해하지 못하고, 잘못을 지적하면 아주 좋지 못한 방법으로 반응한다. 그가 이렇게 반응하는 것은 정확하게 말해서 자신의 잘못을 극복할 수 없음을 느끼기 때문이다.

그러나 그는 아주 다른 형태로 도움을 받을 수 있다. 그것은 그의 장점보다는 문제점들을 바라보면서, 단순히 그를 이해함으로써, 그리고 어린시절 그가 무엇을 놓쳤는가를 이해함으로써, 그리고 그의 욕구를 채워 줄 것을 찾음으로써 그를 도울 수 있다. 이것은 문제를 회피하기보다는 서로 자신과 그리고 상대방에 대한 보다 깊은 이해로 우리의 문제를 대면하고 함께 노력하며, 그리고 해결의 길을 함께 찾는 것이다.

모든 사람들의 결혼생활에는 문제가 있다. 잘 알려진 영국의 목사이며 심리학자인 웨더헤드(Weatherhead) 박사는 그의 책에서 그에게 이야기하러 온 한 부부가 "오! 우리들은요, 한 번도 다툰 적이 없어요"라고 말한 것을 지적했다. 웨더헤드 박사는 자신의 생각을 이렇게 진술했다: "이들은 거짓말을 하든지, 아니면 둘 중 하나가 상대방을 완전히 짓밟은 경우이다."

약혼식을 할 당시에 이와 같은 문제를 상상한다는 것은 불가능하다. 나는 약혼한 남녀를 위한 한 세미나에서 결혼생활의 갈등에 대해 이야기하였다. 그때 모든 청중들은 이와 같은 갈등을 그들도 겪게 될 것이라는 사실은 생각하지 않았다. 그렇기 때문에 그들에게 어려움이 생기면 큰 실망을 하게 되고, 자기 연민에 빠지기도 하며, 자신은 운이 지독하게 없어서 이렇게 되었다고 한탄하게 된다.

우리가 부부들에게 "당신들에게 문제가 있군요. 이것은

아주 정상적이지요. 모든 부부들이 다 그렇답니다. 사실은 이것이 좋은 것입니다. 성공적인 결혼생활을 하는 이들은 문제를 서로 함께 풀고 그리고 함께 극복하는 자들입니다. 이렇게 할 용기가 부족한 사람들이 결혼생활에 실패하는 사람들이지요"라고 말해 줄 때에 그들은 마음에 위로를 받는다. 이와 같은 부부는 우리들이 직접 겪었던 어려움, 우리의 결혼생활에서 해결해야 할 산적한 문제들, 서로를 더 잘 이해하려고 노력했던 일, 필요했던 위기들, 그리고 우리들의 서로 다른 점을 보다 존경하고, 보다 진정으로 하나되기 위해 거쳐야 했던 심오한 변화들 등을 이야기해 줌으로써 그들을 도울 수 있다.

우리들은 각각 특성, 취향, 버릇, 편견, 신념 등에서 참으로 다르며, 이것들을 이해하는 데는 상당한 노력이 요구되기도 한다. 그러나 이것들은 오히려 우리 모두를 더 나은 성장으로 인도한다. 나는 이에 대한 좋은 예를 그 유명한 저자 톨스토이의 부인 마담 톨스토이의 일기에서 발견한다. 그녀는 "나는 우리가 서로 화가 났을 때만 일기를 쓴다"고 그녀는 고백했다. 그녀는 남편과의 갈등이 자신을 다시 살펴볼 기회를 주었으며, 일기 쓰기를 통하여 많은 것들을 해결할 수 있는 생각들을 얻었다고 한다. 물론 그 다음 날 그들이 함께 있게 되면 그 전날 그렇게 심각해 보였던 것이 아주 중요하지 않는 것처럼 보인다.

그러나 이렇게 위기를 통해 일어난 순간적인 감정들 속에는 진실된 요소들이 있다. 위기를 통해 나타난 숨겨졌던 문제들을 그 다음 날 함께 차분히 살펴보는 것은 중요한 일이다. 서로의 숨겨진 부분들이 표출됨으로써 그들에게 새로운 조명을 가져다 주며, 이를 통해 숨겨졌던 것까지도 볼 수 있게 된다. 그러나 많은 부부들은 그들이 싸웠다가 회복하고 다시 새롭게 시작하겠다고 말한다. 그들의 싸움에서 아무것도 배우는 것이 없는 경우도 있다. 그들은 다음에 다시 난폭하게 되고 최악의 위기 상황에 도달할 때까지 그들이 진정으로 대면해야 할 것을 연기한다.

두 개성이 완전히 적응할 때까지 일어나는 모든 문제들을 대처하는 데는 용기가 필요하다. 사람들은 서로 매우 다르다. 이것은 우리가 잘 아는 사실이다. 그러나 이것이 자기 남편이나 아내에 관계된 문제일 때 인정하는 사람은 거의 없다. 그는 상대방이 반드시 다른 성향, 다른 느낌, 다른 희망을 가져야 된다는 것을 수긍하지 않으려고 한다. 오히려 이러한 것이 나타날 때에 즉각적으로 도전하고, 반항적인 태도로 공격하고, 그리고 거절하는 반응을 보인다. 우리는 이와 같은 동일한 반응을 부모들이 자녀들에게 아주 싫어하는 기질들을 발견하게 될 때에 나타내는 표현을 통해서만 보게 된다. 상대방이 아주 다르다는 사실을 이해한다는 것은 이미 상당한 개인의 성숙을 가져오는 요인이 된다.

이해하기 위하여
우리는 본성의 차이를
받아들여야 한다.

서로가 이해하지 못하게 되면
각자는 상대방의 욕구를 무시하는
위험에 빠지게 된다.
이해가 없이 서로를 비난할 때는
아주 심각한 상처를 가져올 수 있다.

※※※ ※※※ ※※※ 서로를 이해하기 위하여 ※

나의 어떤 친구들이 생각난다. 남편은 대학 교수이고 명망있는 저자이다. 생각하는 사람들이나 시인들은 명상을 위해 조용한 시간을 많이 가진다. 겉으로 보기에는 아무것도 안 하는 것 같으나 실제로 그들은 이때가 어떤 생각의 표현들을 찾기 위해 사고하는 순간들이다. 그런데 집안 일로 인해서 정신없이 바쁜 아내가 "당신 지금 아무것도 하지 않고 있군요. 사과를 따는 일에 필요하니 사다리를 좀 놓아 주세요"라고 방해한다. "내가 지금 아무것도 않고 있다니!" 여기에서 우리는 한 사람은 사색적이고 다른 한 사람은 활동적인 두 성격의 갈등을 보게 된다. 교수인 나의 친구는 자신이 이해되지 못하였다고 느낀다.

또 다른 친구의 부인은 남편이 직장에서 돌아온 후 연장을 들고 무엇인가를 하고 싶어한다는 것을 이해하지 못한다. 만약 그가 톱을 들면 그녀는 자신이 하고 있는 양탄자 청소를 도와주지 않는다고 남편에게 항의한다.

또한 남편도 아내에 대하여 어느 정도 주의는 기울일 필요가 있다. 남편은 그의 아내가 만약 양탄자가 더러우면 마치 자신까지 더러워진 것과 같이 느끼는 성격을 이해하지 못한다.

그래서 서로가 이해하지 못하게 되면 각자는 상대방의 욕구를 무시하는 위험에 빠지게 된다. 때로는 그와 같은 욕구를 비웃거나, 또는 남편의 우표수집 취미 혹은 아내의 유화수집 취미를 경솔하게 보는 경우도 있다. 이런 것들을 경멸하게 될 때 상대방은 깊은 상처를 가지게 된다. 사랑하는 사람들 사이에 우스갯소리는 매력일 수 있으나, 이해가 없이 서로를 비난할 때는 아주 심각한 상처를 가져올 수 있다.

사람의 성격 사이에는 근본적인 차이점이 있다. 외향적인 사람은 사회생활과 사교생활 그리고 활동을 좋아하고, 내성적인 사람은 깊은 생각에 빠지거나 정적인 것을 좋아한다. 칼 융(C. G. Jung)은 이런 것들에 대해 설명하기를,

이성과 감상은 직관과 사실의 관계처럼 서로 상반되는 극이라고 말하였다. 본능적으로 아주 이성적인 남자는 아주 감상적인 여자를 만난다. 서로의 보충적인 성격이 처음에는 그에게 아주 열정을 일으킬 것이다. 그러나 나중에 그는 자기 아내가 논리의 객관성에 수긍해 주도록 요구하게 되는데, 이 요구를 받아주지 못하게 되면 그는 신경질적이 될 것이다. 또한 그녀의 감상적 폭발이 논리적이지 못하다는 사실을 증명하려고 노력할 것이다. 그러나 그녀는 그런 것에 전혀 관심이 없다. 그녀의 입장에서 보면 그녀의 생애를 숨막히게 하는 차디찬 이성적 태도를 비난할 수밖에 없는 것이다.

마찬가지로 직관적인 사고를 지닌 사람과 과학적인 사고를 지닌 사람들 사이에도 서로를 이해하는 데 상당한 어려움이 있을 것이다. 직관적인 사고를 지닌 사람에게는 모든 사물이 객관적인 그대로는 아무 의미가 없으며, 오히려 그는 그 사물을 통하여 연상할 수 있는 상징적인 가치를 추구하게 된다. 후자(과학적인 사고)에 속한 사람은 모든 사물을 정확하게 있는 그대로 보고 잴 수 있으며 무게를 달 수는 있지만 그 이상의 것으로는 보지 않는다.

결혼의 목적 중 하나는 사람들이 성격적으로 아주 다르게 지음을 받은 것을 서로 보상하고, 그리고 서로를 통하여 그들이 이전에 알지 못하였던 것을 발견하기 위해서이다.

이해하기 위하여
우리는 서로 성(性)의 차이가
얼마나 큰지를 인정해야 한다.

남자와 여자는 그들이 믿는 것보다
훨씬 더 근본적으로 다르다.
이것이 서로를 이해하는 데 있어서
그렇게도 큰 어려움을 겪게 되는 이유 중 하나이며,
또한 그들의 성장을 위해
서로가 상대를 필요로 하게 되는 이유도 된다.

✿✿✿ ✿✿✿ ✿✿✿ 서로를 이해하기 위하여 ✿

인간의 차이점들 가운데 우리는 반드시 성적인 차이를 깊이 고려해 보아야 한다. 남자와 여자는 그들이 믿는 것보다 훨씬 더 근본적으로 다르다. 이것이 서로를 이해하는 데 있어서 그렇게도 큰 어려움을 겪게 되는 이유 중 하나이며, 또한 그들의 성장을 위해 서로가 상대를 필요로 하게 되는 이유도 된다. 나는 남자가 결코 여자를 완전히 이해할 수 없으며, 여자도 남자를 그렇게 할 수 없다고 확신한다.

예를 들면 여자가 인격 중심적 성향을 가지고 있는 반면 남자는 이론적이며 논리적인 성향을 가지고 있다. 때때로 내가 일반적인 문제로 아내와 대화할 때, 혹은 어떤 갈등을 일으키는 생각들을 의논할 때에 그녀는 나에게 "당신이 이야기하는 분이 누구세요?"라고 곧잘 묻는다. 나는 그것이 어떤 다른 사람에 관한 것인지 말하지 않았다. 나는 단지 한 생각을 발전시키고 있었다. 그런데 내 아내는 그러한 문제가 어떤 사람에 관한 것인지 구체적으로 알고 싶어 했다. 아내는 어떤 사람과 결부시켜서 그 사람이라는 조건하에서 문제들을 생각한다.

곁눈질을 하면서 커피를 한 잔 마시고 있는 남자, 혹은 카드 게임을 하려고 둘러앉은 남자들을 한번 보라. 그들은 나라가 어떻게 다스려져야 할 것인지, 우주적 평화가 어떻게 달성될 것인지 등에 대한 이론들을 내세우며 열띤 토론을 벌인다. 그러나 그들의 이론들은 매우 추상적이고, 현실성이 전혀 없는 것들이다. 만약 한 여자가 거기 있었다면 그녀는 웃으며 "당신 설거지를 도와주든지 아니면 아이 공부 못하는 것에나 관심을 좀 쏟으세요. 나 혼자 아이의 선생을 만나러 쫓아다니게 내버려두지 말구요"라고 말할 것이다.

그래서 남자는 여자로부터 나와 다른 사람이라는 느낌을 얻게 되며, 그래서 여자의 영향을 받기 마련이다. 만약 문명이 남자들만에 의해서 발달되었다면, 그것은 추상적이고 차디차고 기능적이고 비인간적인 것으로 되었을 것이다.

여성은 또한 세밀하게 생각한다. 일반적인 생각보다 구체적인 것이 그녀에게 더 흥미롭다. 그녀는 남편과 함께 있을 수 있는 시간에 하루에 일어났던 일들을 다 말하고 싶어한다. 그녀는 친구가 무슨 모자를 쓰고 왔으며, 또 다른 친구는 어떤 코트를 입었고, 아파트 관리인이나 혹은 상점 점원이 자기에게 무슨 말을 했는지, 그리고 자신은 무엇이라 대답했는지를 다 말하고 싶어한다. 남편은 아내의 이야기를 듣는 것에 쉽게 싫증을 낸다. 그는 자기 아내가 세밀한 것에 대해 그렇게도 흥미를 느끼도록 지음을 받았다는 사실을 모른다. 그에게는 이 모든 것이 하찮은 것이며 지겨운 소음으로 들릴 뿐이다. 아내는 남편이 더 이상 자기 말을 듣지 않는다는 것을 알고, 또 남편이 신문에 눈을 팔고 있는 것을 보게 되면 그녀는 고독을 느끼게 된다. 그리고 그녀는 그 전보다 더욱더 친구들과의 농담, 이웃에서 일어나는 일들, 여러 상점들의 가격 대조 등과 같은 세미한 것들이 더 중요한 것 같고, 혼자 그 속으로 깊이 빠지게 된다.

이와 같은 여자는 그 전보다 더욱더 말쟁이가 된다. 그녀는 더 많은 말을 하게 될 것이나 이는 다만 독백일 뿐이다. 남편은 그녀에 대한 반응으로 가끔 어깨를 움츠리는 정도를 보일 것이다. 데오도르 보벱 박사가 말한 것처럼 모든 결혼생활의 가장 큰 적인 권태가 그 가정에 스며드는 것이다. 남편은 구체적이고 인격적 상세함이 결여되어 있기 때문에 일반적인 생각이 곧 공론이 되기 쉽다. 따라서 아내로부터 배워야 할 필요성이 있는 것이 명백한 사실이다. 또한 남편이 아내에게 이렇게 대해 줄 때에 그녀의 정신적 지평선은 더 넓혀지며 그녀의 사고를 풍부하게 하며, 그리고 결국 그녀의 교양이 남편도 인정할 수 있을 정도로 자라게 될 것이다. 만약 남자가 어느 날 권태를 느끼게 된다면 그것은 그의 책임이다. 왜냐하면 그는 보다 깊고 실효성이 있는 생각들을 아내가 가질 수 있도록 만들어 주었어야 했기 때문이다.

말하는 것 그 자체에 있어서도 여자와 남자에게서 그 의미는 다르다. 말을 통해 남자는 생각을 표현하고 정보를 교환한다. 여자는 느낌과 감정을 표현하기 위해 말한다. 이것이 아내가 자신의 경험을 열 번씩이나 되풀이 하는 이유이다. 아내는 남편에게 어떤 사실을 알리기 위함이 아니다. 그래서 남편은 곧잘 "나는 그 이야기를 이미 알고 있소. 당신이 전에 나에게 그 이야기를 했소"라고 날카롭게 중단시킨다. 그러나 그녀에게는 그 경험이 그녀의 가슴에 쌓인 정서적 긴장들을 배설하기 위해 다시 그 이야기를 할 필요가 있다. 많은 남자들은 아내가 백 번이라도 듣고 싶어하는 "사랑합니다"라는 소리를 단 한 번도 표현하려고 하지 않는다. 아내가 "당신 나를 사랑하세요?"라고 물으면 남편은 "당신이 알지 않소?"라고 대답한다. 그녀가 모르기 때문에 묻는 것이 아니라 오히려 그녀는 그런 소리를 한 번 더 듣고 싶기 때문이다. 남편이 한 번도 말하지 않았기에 이 말을 직접 들어보고 싶어한다.

남자는 자신의 느낌을 다른 방법으로 표현한다. 즉 애무, 바라보는 것, 혹은 거칠은 목소리로 자신의 감정을 표현한다. 혹은 아내가 쉽게 이해하지 못하는 어떤 간접적인 방법으로 표현하기도 한다. 나는 남편으로부터 부드러운 말한마디 들어보지 못해서 고통을 당하는 부인을 기억한다.

어느 날 그녀는 매우 화가 나서 나를 찾아왔다. 남편이 그녀에게 한마디 말도 없이 일꾼을 시켜 거실 마루를 고치게 했다는 것이다. 집 전체가 어지럽혀지고 더러워졌고, 가구는 복도에다 내어 놓아야 했다. 이 부인은 매우 화가 났다. 나는 그녀에게 "사람들은 다 자기 나름대로 이야기를 하지요! 이것이 남편이 당신에게 보여 주는 사랑입니다. 만약 당신이 그의 언어를 이해한다면 그를 팔로 껴안아 주십시오. 그리고 보다 더 좋은 거실을 당신에게 주기 위해 이렇게 비싼 값을 치르는 것을 보니 그가 당신을 굉장히 사랑하는 것임이 틀림없다고 말하십시오"라고 말했다.

많은 부부들이 직장과 가정 사이에 갈등을 가지고 살고 있다. 이 사실은 특히 남편의 직업이 남편에게 흥미롭고 도전적일 때 더욱더 그러하다. 뉴욕에 살고 있는 외과의사 친구를 생각해 보라! 의사의 가정뿐 아니라 목사들, 선생들, 그리고 사업가들 등 많은 수의 가정들이 동일한 상황에 있음을 나는 주시한다. 아내는 남편의 직업이 그에게 얼마나 중요한가를 이해하지 못한다. 그녀는 그 남자와 결혼했지 그 남자의 소명과는 결혼하지 않았다. 그래서 시작부터 그들의 관심사에는 갈등이 있게 된다. 남편은 전적으로 직업에 매달리게 되고, 남편은 아내가 자기 직업에 대해 귀찮아하는 것을 느끼기 때문에 직장에 대하여 아내에게 잘 이야기하지 않는다. 남편의 일이 아내로부터 남편을 멀어지게 한다. 그녀는 남편의 직업이 남편을 매어놓고, 또 남편의 성격을 꺾이게 하고 불안과 문제만 안겨 주는 것으로만 보게 된다.

그녀는 다만 그녀가 초대받지 않은 직업상의 만찬들, 출장, 그가 사무실에서 지내야 하는 연근들, 갑작스레 울려오는 응급환자(의사인 경우) 등만 보게 된다. 남편은 응급전화를 받고 괜히 투덜거리고, 아내 앞에서 혼자 화를 내는 모습을 보인다. 그러나 그녀는 잠시 후에 그녀의 남편이 환자들과 함께 있게 될 때 의사로서 드러내는 열심, 관심, 흥미는 보지 않는다. 그래서 그 남편은 자기의 직업이 생애의 가장 흥미있는 것이라고 느끼는 반면, 젊은 아내는 남편의 직업을 아주 싫어하게 된다. 그들은 두 개의 다른 세계에 살게 된다. 그녀는 "당신 사무실"이라는 말을 가시돋힌 어투로 내뱉는다. 그녀는 자신이 남편의 진정한 삶 밖에 놓여 있다는 것을 느끼며, 때때로 구걸해야 겨우 부스러기라도 얻을 수 있는 삶을 누리고 있는 것으로 느낀다. 또 다른 면으로 그녀는 남편이 바보스럽게 생각하는 그러한 이야기들을 자꾸 줄여 가면서, 그리고 자기 자신의 독자적인 세계를 만들어 나감으로서 남편에게 반항하려고 한다. 그녀는 옷으로 치장하는 것, 계(契)모임에 참석하는 것, 지역사회 그룹에서의 활동 등 남편에게는 아무 쓸모 없이 보이는 일들에 몰두한다.

서로를 이해하기 위해 남편과 아내는 반드시 상대방이 흥미를 가지는 것에 관심을 쏟아 주어야 한다. 그리고 왜 이것이 상대방에게 흥미로운가를 이해하는 데까지 와야 한다. 남자는 자신의 관심 대상이 되는 상대에게만 자신이 흥미로워하는 것들에 관하여 대화를 나눈다. 그리고 그 흥미로운 부분의 좋은 특성을 상대가 이해해 줄 때에 그는 이야기를 시작한다. 이렇게 함으로 서로의 이해의 지평선을 넓혀나가게 된다. 진정한 이해는 항상 자기 자신을 훨씬 넘어가야 한다. 그래야 가정이 한 사람의 소명을 잘 이루어 나가게 하는 원동력의 역할을 할 수 있고, 또 그 소명이 가정의 영적 삶을 부요하게 할 수 있다. 많은 부부가 겪고 있는 갈등은 해결될 수 있다. 남자와 여자로 구분되게 하는 그 심오한 차이에도 불구하고 그들을 하나가 되게 하는 그 무엇이 있는데, 그것이 바로 사랑이다.

이해하기 위하여
우리는 사랑 그 자체에서
서로의 차이점을 인정해야 한다.

남자와 여자 사이에는

역시 다른 점이 있다.

즉 아내는 남편이 종종 인식하지 못하는

정서적 욕구를 가지고 있다.

그녀는 남편으로부터 부드러운 목소리를 필요로 하고,

무엇을 보고 감탄할 때 그 느낌을 남편과 나누고 싶어하며,

남편과 단 둘만의 조용한 시간을 가지기 위해

함께 외출하고 싶어한다.

❀❀ ❀❀ ❀❀ 서로를 이해하기 위하여 ❀

한번은 어떤 심리학자가 결혼생활을 연극에 비유하면서 다음과 같이 말했다: "여성에게 있어서 사랑은 그 자체가 연극이다. 그러나 남자에게 있어서 이것은 휴식시간과 같다." 내 생각에 이는 매우 적절한 비유인 것 같다. 남자에게 있어서 사랑은 매우 충동적이며, 성적이며, 욕구적이며, 신속하게 오고, 또한 속히 끝나버린다. 그의 관심이 다른 것으로 쏠린 후 아내는 자신이 잊혀져 버린 것같이 느낀다. 물론 나는 아주 남자다운 남자를 이야기하고 있다. 오직 사랑에만 열중하는 다른 남자들은 고려하지 않고 한 말이다.

나는 저자를 알 수 없는 한 아름다운 단편소설을 기억하는데, 그 내용은 신혼여행에서 집으로 돌아온 한 부부에 대한 이야기였다. 몇 주간 이 부부는 늘 함께 지냈다. 그들은 서로에게 완전한 동질성을 느꼈다. 그런 후 그 남편은 그의 사무실로 돌아가야 했다. 그러자 젊은 아내는 부엌 의자에 앉아 눈물을 흘리며 "이제 나 혼자구나, 나 혼자뿐이야"라고 중얼거렸다. 우리는 빨리 그 젊은 아내가 의자에서 일어나 삶에 흥미를 다시 얻게 되길 희망한다. 그녀가 남편을 사랑한다면 그렇게 해야 한다. 그녀는 남편을 사랑하기에 음식을 하고, 마루를 쓸고, 설거지를 할 것이다. 이렇게 하는 이유는 여자는 사랑이 삶 전체를 이루고 있기 때문이다.

또 한편으로 남자는 자신의 직업과 관련하여 해결해야 할 기술적 문제, 직장에서의 경쟁, 성공을 거두는 일 등에 흥미를 가진다. 사랑은 그가 집에 돌아와 아내와 함께 있을 때 생각한다. 그렇다 하더라도 남자와 여자 사이에는 역시 다른 점이 있다. 즉 아내는 남편이 종종 인식하지 못하는 정서적 욕구를 가지고 있다. 그녀는 남편으로부터 부드러운 목소리를 필요로 하고, 무엇을 보고 감탄할 때 그 느낌을 남편과 나누고 싶어하며, 남편과 단 둘만의 조용한 시간을 가지기 위해 함께 외출하고 싶어한다. 그녀에게 있어서 사랑이란 영원하고 높은 수준의 애정을 의미한다. 이것이 그녀가 남편과 항상 같이 있는 것을 원하는 이유이다. 그녀는 남편에게 허용되는 시간, 그가 집에서 머무는 일요일, 그리고 남편이 데리고 나가 주는 저녁들을 헤아리고 있다. 남편이 그녀에게 이렇게 해주는 것을 그녀에 대한 표현으로 생각한다. 만약 남편이 혼자 야구 구경을 가면 "당신은 이제 나를 사랑하지 않는군요"라고 불평한다. 만약 그가 다른 것에 흥미를 보이면 이제 남편이 자신에게 관심이 없기 때문이라고 생각한다.

만약 성적 경험이 상호조화, 이해, 서로의 지속적인 애정의 교류 속에서 이루어지지 못할 때 여자는 성적 만족을 전적으로 가지지 못한다. 남성에게는 에로틱 곡선이 절정에 신속하게 달하며 또 신속하게 감소된다. 본질적으로 말하면 이것은 충동적이고 성적이다. 이 때문에 아내는 때때로 "당신은 나를 사랑하지 않고 다만 나를 원할 뿐이군요"라고 말하기도 한다. 이것은 여자가 남성의 충동적이고 짧은 남성적 사랑의 형태를 이해하지 못하고 또 받아들이지 못한 데 기인한다. 그녀는 남편이 자기가 그를 사랑하듯 그렇게 부

드럽게 계속적으로 사랑받기를 원한다. 이와 같은 이해의 결핍으로 성적 경험이 지긋지긋한 지경으로까지 나아갈 수 있다. 그녀에게는 금방 심하게 다툰 후 아직 가라앉지도 않은 즈음에 남편이 합하기를 원하는 그것을 이해하기란 불가능하다.

이와 유사하게 많은 아내들은 남편이 성적 유혹을 느낄 때가 있음을 이해하지 못한다. 그만큼 명성이 있고, 존경받고, 그리고 지적인 남자가 그렇게 저질적이고 야비한 유혹에 빠지게 되는 것에 대해 그의 아내는 매우 분노하게 될 뿐이다. 만약 남편이 그의 아내를 사랑하기 때문에 그에게 있는 이성에 대한 갈등을 그녀에게 말할 때, 그녀는 만약 그가 진정으로 자기를 사랑한다면 다른 여자를 생각조차 할 수 없을 것이라고 생각한다. 이럴 때 남편은 오해받았고 멸시당함을 느끼게 되며, 점점 자기 자신 속으로 움츠러들게 된다. 앞으로 그는 결혼생활에 그림자를 드리우게 되는 그와 같은 비밀스런 말들을 회피할 것이다. 그러나 침묵의 베일이 그 남자의 성욕보다 훨씬 더 그들의 결혼생활을 나쁘게 만들 것이다. 성적 유혹에 대한 최대의 방어는 이에 대해 정직하게 말할 수 있고 그리고 아내가 그것을 이해함으로써, 어떤 복잡한 흔적 없이 그것을 극복할 수 있는 효과적이고, 애정적인 도움을 찾는 데 있다.

서로를 돕기 위해
우리는 이해가 필요하다.

우리는 보편적인 질병,

즉 셀 수 없이 많은 남자와 여자들이

비밀로 간직하고 있는

두려움, 고통, 슬픔, 실망, 죄책감으로

괴로워하는 것 등을 볼 필요가 있다.

우리는 그들이 얼마나 비참하게 자신을 혼자서만

바라보고 있는가를 이해할 필요가 있다.

✿✿✿ ✿✿✿ ✿✿✿ 서로를 이해하기 위하여 ✿

자존심이나 혹은 정직성과 같은 많은 부분에서처럼 성적인 부분에서도 여성은 일반적으로 그리고 전체적인 면에서 남자보다 더 도덕적이다.

자신의 도덕적 덕행을 가지고 쓸데없이 자랑하거나 혹은 남을 정죄하면서 자신은 예외라고 믿는 것보다 더 잘못된 것은 없다. 그럼에도 불구하고 도덕성에 관해 보편적인 양상으로 이야기한다면 나는 "남편은 종종 아내보다 덜 고상하다"라고 말할 것이다. 아니면 여자가 자기의 죄에 대해 의식하는 것보다는 일반적으로 남자가 자기의 죄에 대해 보다 더 의식한다고 말할 수 있겠다.

그는 자기의 성욕에 대해, 아내에게 거짓말하는 것에 대해, 자기 경쟁자에게 거짓말하는 것에 대해, 세금을 적게 내려고 속인 것에 대해, 혹은 그의 일에 대해 크게 교만한 것

등을 의식한다. 아마 이것이 남자가 여자보다 교회를 향하고 싶은 갈망이 없는 이유인지 모르겠다. 교회에 가면 그는 조금 덜 편안함을 느낄지 모른다. 남자는 일상생활에서 옳지 않은 일들을 하고 있다는 것을 느끼고 있고, 이것을 바로잡을 수 있는 힘이 없는 것까지 의식하고 있는데, 이제 교회에 나가게 되면 남 앞에서 자기가 얼마나 경건한가를 보여줘야 되는 위선을 느끼므로 교회에 나가기를 꺼린다. 아마 이렇기 때문에 보다 덜 남성다운 남자, 삶에 있어서 심한 싸움을 할 필요가 없는 그런 사람들이 교회에 많은지 모르겠다. 예를 들면 공무원들, 선생들과 같이 선하게 보일 수 있는 생활을 할 수 있는 사람들이다.

이와 같은 남자들보다 여자들은 그들의 죄에 대해 보다 덜 의식적이다. 결론적으로 말하자면 일반적으로 남편은 진정한 죄책감의 무거운 짐으로 눌려 있다는 것이다. 남편이 자신의 문제를 아내에게 정직하게 말하기가 어려운 이유가 남편이나 아내 모두에게 아내가 보다 더 고상한 것처럼 보이기 때문이다. 남편은 보다 더 가치있는 삶을 가진 그녀가 어떻게 그를 이해할까라고 생각한다. 그는 아내가 자기를 경멸할 것을 두려워한다. 그에게 그녀는 경찰같이 그리고 도덕법이 육체를 입은 것으로 보인다. 이것이 또한 왜 남자가 목사나 신부에게 이야기하는 것을 더 어렵게 생각하는지에 대한 설명일 수도 있을 것이다. 그의 눈에 이들도 역시 도덕법이 사람의 모양을 한 것처럼 보인다. 그래서 그는 문화적으로 사회적으로 그보다 도덕적이지 못한 여자에게 마음을 털어놓는다. 그래서 그는 그녀에게서 보다 자유로움을 느끼고, 자기 아내보다는 훨씬 덜 존경하지만 그녀와 함께 있을 때에 편안함을 느낀다. 그녀는 그를 존경하고, 그에게 심적으로 동의하며, 그녀 자신도 부끄러워하며 행동까지도 그렇게 한다.

이것이 바로 간음을 저지르게 하는 요인이 된다. 그리고 만약 이것이 자기의 고상한 아내에게 발견된다면 극심한 비난을 받게 될 것이다. 여기서도 마찬가지로 그녀는 남편을 사랑하는 마음으로 이렇게 한다고 생각한다. 그러나 그녀는 단순히 그들을 갈라 놓은 담 위에 마지막 벽돌을 올리는 행동을 하고 있는 것이다. 물론 도덕적 관점에서 본다면 그녀가 옳다. 온 세상도 다 그녀의 편이며 남편의 행동이 도덕적이지 못하다고 결론내릴 것이다. 어쨌든 아내에게 이해가 부족하다고 느끼는 것은 그 남편이다. 그는 그런 상태로 오랫동안 지속될 것이고, 그 자신도 정죄하고 싶은 길을 스스로 계속 가고 있을 것이다. 그의 죄책감, 퇴행적이고 움츠러드는 반응 등이 더욱 강력하게 나타날 것이다. 간음이 모든 경우에 성의 문제만은 아닐 것이다. 물론 이것이 일상적인 경우는 아니며, 내가 꿈 속에 살고 있는 것도 아니다. 그러나 그가 정직하지 못하고 겸손이 결여된 상태에서 그의 성적 유혹에 처해 있는 형편에서까지라도 상대방에 의해 이해받게 되는 것이다.

이와 같은 너그러운 용납은 그에게 하나님의 자비인 것이다. 하나님께서 우리들을 사랑하시는 것은 우리의 선행때문이 아니라 우리가 그의 사랑이 필요하기 때문이다. "건강한 자에게는 의원이 필요없고 병든 자에게니라"고 하신 예수님의 말씀을 기억해야 할 것이다.

우리는 보편적인 질병, 즉 셀 수 없이 많은 남자와 여자들이 비밀로 간직하고 있는 두려움, 고통, 슬픔, 실망, 죄책감으로 괴로워하는 것 등을 볼 필요가 있다. 우리는 그들이 얼마나 비참하게 자신을 혼자서만 바라보고 있는가를 이해할 필요가 있다. 그들은 사회생활의 일부에 참석하고 거기서 지도자적 역할도 하며, 클럽의 모임에서 회장도 하고, 운동경기에 이기기도 하고, 아내들과 영화구경을 가기도 할 것이다. 그러나 그렇게 하는 동안에도 그들은 자기들의 고통을 나눌 만큼 신뢰할 만한 사람들을 발견하지 못한 채 그들의 삶을 살아간다는 사실이다.

이해하기 위하여
상대방의 지난날들에 대하여
알 필요가 있다.

한 남편이나 아내가 상대방의 어린 시절과
청소년 시기의 이야기를 오랫동안
그리고 많은 흥미를 가지고 듣지 않고는
그를 이해한다는 것이 헛된 일이다.
이와 같은 탐구를 함으로써 결혼생활을 통하여
자신과 상대방을 발견하게 될 때에
젊은 부부는 그들의 결혼에 대한 희망을 성취하게 될 것이다.

✿✿ ✿ ✿✿ ✿✿✿ 서로를 이해하기 위하여 ✿

현대 심리학은 우리의 어린시절 경험이 결정적인 역할을 한다는 사실을 가르친다. 대인관계에 있어서 우리가 평생 가지게 되는 성향은 이와 같은 경험들에 의해 결정되어진다. 이 어린시절의 많은 사건들을 우리는 잊고 있다. 이것들에 관해 이야기함으로 회상을 더 잘하게 되며, 혹은 꿈을 통해서 이 경험들이 희미한 상징으로 우리에게 제시되기도 한다.

그래서 한 남편이나 아내가 상대방의 어린 시절과 청소년 시기의 이야기를 오랫동안 그리고 많은 흥미를 가지고 듣지 않고는 그를 이해한다는 것이 헛된 일이다. 이와 같은 탐구를 함으로써 결혼생활을 통하여 자신과 상대방을 발견하게 될 때에 젊은 부부는 그들의 결혼에 대한 희망을 성취하게 될 것이다. 이것은 서로를 자유하게 하는데 도움을 줄

뿐만 아니라, 또한 서로의 밀접한 관계에서 결혼생활을 새롭게 시작하게 할 것이다. 이것은 더 훌륭하고 창의적인 행복의 빌딩이다.

나는 세 살 때 아버지를 여의었다. 그 말은 나는 아버지를 위해 슬퍼해 보지 못했다는 말이다. 아버지를 여의었으므로 내 삶에 어떤 좌절을 가져왔는지 나는 의식하지 못하였다. 하나님께서 정말 함께 하신다고 느꼈던 아내와의 긴 대화 후 나는 갑자기 흐느꼈던 날을 기억한다.

나는 오랫동안 내 속에 억압되어 있었던 감정을 이제 다 떨쳐버렸다. 나도 그리고 내 아내도 그때는 인식하지 못하였지만 내 아내가 그날 나를 위한 상담자의 역할을 담당했었다. 이것이 나로 하여금 그와 같은 직업을 가지도록 한 계기가 되었다.

이와 같은 경험을 통하여 결혼한 상대방들은 서로 발전한다. 그들 각자는 자신의 개성과 그리고 성(性)이 가지는 자연적 반응 그 이상으로 갈 수 있게 된다. 서로는 완전한 나눔을 할 수 있다. 각자는 자기 개성의 가장 모자라는 부분들을 주게 된다. 이제 더 이상 남성적 혹은 여성적 사랑이 문제가 아니고, 사랑의 특별한 면인 완성된 보다 깊은 인간의 사랑을 가질 수 있게 된다. 결국 그들이 서로간에 더 이상 숨기는 것이 아무것도 없다는 것을 확신하기 전까지 인식하지 못했던 그 '하나'(oneness)라는 느낌을 가지게 된다.

이 모든 것이 이제 우리들이 더 이상 발견할 것이 없다거나 서로간에 더 말할 것이 없다는 것이 아니다. 그것과는 정반대이다. 이것이 우리가 도달해야 할 단계가 아니고 다만 시작해야 하는 단계이며, 그리고 계속 발전해야 할 단계이다. 값으로 칠 수 없이 고귀한, 서로 이해하는 경험을 일단 가지고 나면 보다 더 나은 이해에 대한 욕구가 일어난다. 그보다 더한 것은 우리의 삶에 있어서 상대방이 이해하기를 원한다는 사실을 느끼는 것만큼 우리의 마음을 열도록 하는 것은 없다.

부부는 함께 그들의 젊은 시절의 사건들을 이야기할 것이며, 그들은 함께 어린 소녀가 친한 친구에게 자기의 소중

한 비밀을 털어놓기 위해 매일 가곤 하던 장면을 직접 경험할 것이다. 그들은 소년이 세계를 바라보고 그리고 그의 꿈과 생의 성취를 주었던 그 벼랑에 함께 설 것이다. 그러나 이렇게 하는 데는 아름다운 기억들, 때때로 일어나는 고통, 오해로 인한 괴로움, 혹은 다른 사람들에 의해 생긴 고통의 기억이 있었을 뿐 아니라, 거기에는 또한 우리들이 부끄러워하는 것들, 그리고 우리의 책임이라고 느끼는 실수 등이 있다.

이러한 점에서 우리는 결혼생활에서 대화를 일종의 고백으로 생각할 수 있다. 그렇다고 해서 이것이 카톨릭의 고해성사나 개신교의 공중예배와 같은 의식을 의미한다는 뜻은 아니다. 그러나 비록 이것이 의식적 가치는 가지지 않는다고 해도 다른 의미에서 큰 가치를 지닐 수 있다.

우리가 삶을 함께 나누고 있는 사람의 죄를, 그리고 다른 어떤 것보다 우리가 사랑과 존경을 원하는 그런 사람의 죄를 견디어 내는 것이 훨씬 더 어렵다. 이 경험은 상대적일 수 있다. 왜냐하면 용기있는 고백은 종종 또 다른 고백을 상대방에게 불러일으키기 때문이다. 이렇게 하여 함께 나눈 엄청난 기쁨은 교회에서 맛보는 하나님의 은혜와 견줄 수 있을 것이다.

완전한 이해는
예수 그리스도에게 자신을
순종할 수 있게 만든다.

어떻게 이 두 사람이
이 목표에 이를 수 있는가?
이것은 우리가 무엇을 하느냐에 달려 있기보다는,
우리가 무엇이냐에 달려 있다.
이것은 방법의 문제이기보다는 태도의 문제이다.
어쨌든 우리는 하나님께 우리를 그리로 인도하도록,
그 길을 보여 주도록 기도할 수밖에 없다.

✿✿✿ ✿✿✿ ✿✿✿ 서로를 이해하기 위하여 ✿

나는 외과의사이며 미국인 친구에 대하여 이야기하려고 한다. 그는 일밖에 모르는 친구였으므로 자연적으로 부부생활도 원만하지 못했다. 어느 날 그는 내게 금요일에 영화를 같이 보자고 제안했다. 우리는 영화를 본 후 저녁식사를 하게 되었는데, 그와 식사하는 동안 나는 그에게 예수 믿기를 권유했다. 그러자 그는 즉시 예수님을 그의 생의 주인으로 받아들였다. 그는 그 전과는 상당히 다른 기분으로 아내의 말에 귀를 기울이기 시작했다. 이는 진정한 신앙으로 살아가고 있는 모든 그리스도인들이 경험하는 것이다. 하나님은 열정을 가지고 인간 개개인에게 흥미를 갖고 계신다. 그러므로 하나님을 영접한다는 것은 우리가 아직 진정으로 이해함 없이 어깨를 비비면서 살아가고 있는 상대방에게 가지는 그분의 크신 관심을 받아들인다는 것이다. 가까운 동료에게 마음을 털어놓지 못하고 하나님께 마음을 연다는 것은 불가능하다.

하나님은 항상 사람들을 고독과 암흑에서 자유하도록 부르고 계신다. 이웃에게 진실되게 가까이 접근하는 모든 사람은 비록 그가 신자가 아니라 해도 하나님의 사랑의 도구가 된다. 그러나 나의 외과의사 친구는 하나님께서 그의 눈을 뜨게 하셨고 아내를 새로운 열정으로 이해하려는 마음을 주셨음을 잘 알고 있었다.

이제는 아내의 이런 저런 요구사항들이 단순한 그녀의 욕구 정도로 인식하는 차원을 넘어서, 그런 것들을 통하여 그녀를 이해하려고 노력하기 시작하였다. 적어도 일주일에 한 번은 아내와 같이 외출해야 한다고 한 정신과의사 친구의 충고는 옳았다. 이 충고는 상당히 적절하게 주어졌고 그리고 잘 받아들여졌다. 그러나 이것은 어디까지나 충고였다. 그 외과의사는 충고로서 받아들였다. 그러나 근본적으로 아내에 대한 그의 태도는 변화된 것이 없었다. 필요한 것은 내적 조명이었다. 이와 같은 조명은 절대로 단순히 지적인 것이 아니다. 이것은 영적 체험이다.

어느 날 그 외과의사는 아내의 신경질적인 상태가 자신의 책임이라는 생각이 깊이 들기 시작했다. 단순히 정신과의사에게 그녀를 보내는 것이 자기의 책임을 회피하려는 것이었음을 그는 알았다. 그 자신이 병원에서 수술을 하고, 생명을 살려내고, 연구를 하고, 의학 논문을 쓰고 하면서 가장 보람된 삶을 살고 있는 반면, 집에서 아내는 감정적 굶주림으로 죽어가고 있었다. 그는 여지껏 이 모든 것에 대해 눈뜬 장님이었다.

이것이 그 정신과의사가 본 것이었고, 그는 지혜로운 충고를 그 친구에게 해주었다. 그래서 심리학자는 문제를 발견할 수도 있고, 지혜로운 방법들을 제시할 수도 있다. 그러나 문제에 대한 진정한 해결책은 보다 심오한 변화, 즉 영적 성질을 가진 그러한 것을 요구한다. 심령의 이 변화를 성경에서는 '메타노이아' 혹은 '회개', 즉 심령의 변화와 자아관찰, 겸손, 여지껏 무시했던 책임감에 대한 의식적 수용 등을 뜻한다.

결혼생활에서 부부간의 갈등이 차지하는 비율이 크므로 우리 전문가들은 결혼준비에 관한 여러 학습코스를 마련했고 결혼생활에 대한 상담분야를 발달시켰다. 이 모든 것은 필요한 것이다. 그러나 이러한 학습코스나 결혼생활 상담이 오늘날 가정의 파괴가 넓게 확산되어 가고 있는 현실적 문제를 완전히 해결할 수 없다는 사실은 분명하다. 우리는 좋은 상담보다 더한 그 무엇이 필요하다. 우리는 사람의 마음 속에 보다 깊이 자리잡고 있는 태도들을 바꿀 수 있는 새로운 도덕적 감화력이 필요하다. 우리는 신선한 공기로 새로 태어남, 즉 성령의 숨결이 필요하다. 이 세상의 어떠한 힘으로도 인간의 마음 깊은 곳을 감동시키고, 그리고 그를 보다 적절한 사람으로 만들고, 적어도 남을 이해할 수 있는 사람으로 만들 수는 없다. 성령이 역사했을 때에 그는 자기의 책임들을 본다. 그는 자기가 이해하지 못하고 그 사람을 아프게 했던 것을 깨닫는다. 이해하지 못했고 이해하려고 하지 않았던 것들이 자기 중심적인 장님으로 움츠러들게 했던 원인이라는 것을 인식한다.

어떤 남편이 아내의 실수를 공공연히 비난하곤 했다. 그리고 자신이 그와 같은 사람과 결혼한 것을 불운이라고 원망하곤 했다. 그러했던 사람이 이제는 그 모든 것이 자기 책임이었음을 깨닫게 된다. 그는 아내가 성숙하고, 발전하고, 성취할 수 있고, 문제들을 극복할 수 있는 도움을 주는 그러한 결혼생활의 분위기를 만들지 못하였음을 시인한다. 아내에게 있어서도 그녀가 한 심리학자로부터 이해받고 있음을 느끼는 것이 좋다. 그러나 그녀가 남편에게서 이해받고 있음을 느낄 때 이것은 더욱 좋은 것이다. 미국 외과 의사 가 이러한 것들을 경험했다. 그러나 무엇보다도 살아 있는 믿음 ― 한 단순한 생각이나 감상의 종교에서 더 이상 머물지 않는 상태 ― 이 그들의 생을 새롭게 바꾸었다. 그 외과의사는 말하기를 "서로의 마음을 열기 위해 우리가 그 전에 꿈도 못 꾸던 것들을 나누기 위해 서로를 발견하고 이해하기 위하여 또 하나님께서 우리 가정을 인도해 달라고 함께 간구하기 위해 참으로 필요한 시간 외의 시간을 더 가질 필요가 없습니다"라고 나에게 말했다.

당신은 아시시 사람 성 프란시스의 그 아름다운 기도를 잘 알 것이다. "주여! 내가 남에게 이해되어지기보다 내가 남을 더 이해하도록 해주십시오…." 이것이 성령님께서 부부들에게 일깨워 주는 새로운 요구이며, 이것이 그들의 결혼생활을 바꾸게 한다. 남편이 아내로부터 이해받기만을 바라는 마음으로 가득 차 있는 한, 그는 불행하고 자기 연민에 쌓이고, 요구하고 그리고 내성적인 쓴 마음을 갖게 된다. 그가 항상 아내를 이해하려 하며, 그 전에 이해하지 못했던 것을 이해하려 하고, 그리고 그녀를 이해하지 못한 것이 자신의 잘못이었음을 깨닫는 순간 그가 하고 있는 일의 방향도 변화되기 시작한다. 영화를 볼 때에 영사기의 속도가 늦어지면 우리 눈에는 자동차 바퀴가 마치 뒤로 돌아가는 것처럼 보인다. 이와 같이 계속 전진해 나가야 할 생활 바퀴에서 어떤 사람이 오해받았다고 느끼면 움츠러들게 되며, 이것이 계속 반복될 때에 더욱더 오해되어져 악순환이 계속 생기게 된다. 그러나 새로운 빛으로 보게 되면 이 잘못된 영상이 수정될 수 있다. 그가 이해되었다고 느끼면 그는 자신을 열게 된다. 이제 그가 자신을 방어하는 그 담을 낮추게 되고 그렇게 될 때에 상대방에게 자신을 더 잘 이해하게 만든다. 이 모든 문제들이 우리가 오해되고 있다는 생각을 그치게 되면 아주 간단한 것처럼 보인다. 그렇다면 왜 이와 같은 해결이 쉽게 잘 일어나지 않는가? 그 이유는 내적 태도를 바꾸어 놓을 수 있는 그 무엇, 즉 하나의 살아 있는 불꽃이 필요한 것이다. 그러나 이 불꽃은 어떤 틀에 박힌 처방에 의해 생겨날 수 없다.

우리가 어떤 사람을 오랜 기간 동안 굉장한 간호와 지식과 민감성을 가지고 도와줄 수 있다. 그러나 이 불꽃은 절대로 일으킬 수 없다. 우리들이 여러 가지 테스트를 통해 지식을 제공하고, 훌륭한 분석을 하고, 그리고 좋은 상담을 제공함으로써 도움을 줄 수 있다. 그렇게 해서 어느 정도 상태의 진전은 가져다 줄 수 있으나, 삶에 있어서의 그의 근본적 태도를 바꿀 수 있는 확실한 내적 변화를 일으킬 수는 없다. 이것은 환자에게 힘든 일이 되며, 그가 졸업장을 얻게 될지 아닐지는 전혀 예측하지 못한 채 모든 코스의 학업을 다 해야 하는 그런 일종의 학교가 된다. 사람은 많은 것을 배우고 이해할 수 있다. 그러나 본질적인 것을 이해하는 열쇠를 그는 발견하지 못할 것이다.

이해를 위한 열쇠를 발견하는 것은 삶의 비밀이다. 이것은 내적 경험이요 발견이며 전환이다. 이것은 어떤 사람이 가장 낙심되었을 바로 그때에 일어날 수 있는 일이다. 보통 그가 상상하지 못했던 방법으로 일어난다. 그는 많은 책을 읽고 많은 설교를 듣고 많은 지식을 쌓았을 수 있다. 그러나 오히려 이것은 갑자기 그에게 닥친 별 의미없는 일, 한마디의 말, 우연히 마주친 어떤 사람, 죽음, 병에서의 나음, 힐끗 쳐다보는 것, 혹은 우연의 어떤 사건일 수 있다. 하나님은 이러한 것들을 통해 인간에게 다가온다.

정신요법사가 이러한 경험을 하게 할 때에도 그는 이것을 거의 인식하지 못한다. 그 환자에게 무슨 일이 일어났는지, 그가 원했는지 혹은 이를 위해 노력했는지 등에 대해 전혀 인식하지 못한 채 일어나는 것이다. 그 정신요법사의 기술은 그가 환자에게 보여 주는 완벽한 사랑과 그리고 그들을 서로 연결하는 그 신비로운 개인적 관계보다 훨씬 덜 도움을 주는 것이다. 그래서 이것은 하나의 영적 사건이다.

그렇다. 모든 좋은 일은 하나님의 은혜이며 그분의 선물이다. 외로움과 두려움, 고통 혹은 가책으로부터의 해방은 하나님 사랑의 자비의 결과이다. 이것은 비록 은혜를 끼친 사람이나 받은 사람이 그것을 인식하지 못하고, 또 이 모든 것을 자기들이 했다고 생각할지라도 이는 모두 하나님의 자비에서 비롯된 것이다. 자기네들의 행복이 하나님의 선물이라고 인식하고 이해하는 부부는 행복한 자들이다. 그리고 함께 무릎을 꿇고 그들의 마음속에 사랑을 주신 것, 아이들을 그들에게 허락하신 것, 혹은 모든 기쁨을 주신 것뿐만 아니라 서로를 이해하는 어려운 과정을 통해 그들의 결혼생활에 발전을 가져오게 하신 이 모든 것에 대해 하나님께 감사할 수 있는 부부는 행복한 가정이다.

남자들이 자신들의 진정한 감정들을 보여 주기를 가장 두려워하는 곳이 바로 종교적인 분야에서이다. 아주 행복한 결혼생활에서까지도 이런 경우를 볼 수 있다. 한번은 내가 이러한 일로 놀란 적이 있다. 여기 교회에서 기독교인의 이상을 가지고 결혼한 부부가 있는데 이들 둘은 경건한 신앙인들이었다. 둘다 교회를 다니며 성찬식에도 참가했다. 나는 그들에게 "당신들은 함께 기도하십니까? 당신들은 묵상의 시간을 함께 나눕니까?" 하고 물었다. 그들은 "아니오"라고 대답했다. 그들은 다만 판에 박힌 생명력이 없는, 배워서 익힌 기도문이나 혹은 자연스럽게 나오는 기도가 아닌 의무적으로 외우는 기도 등을 할 뿐이었다. 아픈 아이의 침대머리에 앉아 아마 그들은 속으로 "우리 둘이서 함께 기도해야 할텐데"라고 생각할지 모르나, 아무도 그것을 제안할 용기를 가지지 못했다.

그들 중 하나나 혹은 둘 다 내게 "배우자가 있는 앞에서 나는 감히 큰소리로 기도를 하지 못합니다"라고 말할지 모르겠다. 그들은 아마 함께 어떻게 조용히 기도하는지조차 모를 것이다. 물론 그들은 철학적이고 종교적인 그리고 신학적인 교회에 관한 문제들을 의논할 것이다. 그러나 그것들과 그들의 내적 확신들, 그들만의 경험들, 의심들, 느낌들 그리고 하나님과 자신들의 관계들을 표현하는 것은 상당한 별개의 문제이다. 이것은 부부를 한데 묶는 가장 높은 끈이지만 이것을 보는 것은 그리 쉽게 되지 않는다. 이 부분에 있어서 때때로 남편과 아내 사이에 오해들이 생기게 된다.

여기 아주 종교심이 많은 부인이 있다. 그녀는 자신이 가진 강력한 중생적인 경험을 가지고 종교적인 일에는 열심을 내면서 다른 것에는 흥미를 보이지 않는다. 또한 종교적인 문제를 제외하고는 어떤 것을 이야기해도 기뻐하지 않는다. 그녀는 다만 종교서적만 읽고 모든 종류의 종교적 집회에만 참석한다. 나에게 와서 그녀가 남편에 관해서 종교적인 이야기를 할 때에 그녀는 자신의 관심사만을 털어 놓았다. 그 내용인즉 자기가 얼마나 간절히 남편이 중생하기를 원하는지에 대한 것뿐이었다. 그녀는 "생각해 보세요. 나는 그가 무엇을 믿는지조차 잘 모르겠어요! 헛일인 줄 알면서 나는 그에게 교회에 가자고, 나의 말에 대답 좀 하라고 애걸합니다. 그를 위해 할 수 있는 것은 아무것도 없어요. 그는 전적으로 무관심합니다"라고 말했다.

그 후 어느날 그녀의 남편이 나를 보러 왔다. 그는 신속하게 그리고 자연스럽게 그를 아주 성가시게 하는 종교적 문제들을 들고 나왔다. 이 문제에 대해 그와 가진 상담은 그의 아내와 한 상담보다 훨씬 더 흥미로웠다. 그녀는 교리 전체를 단순히 다 받아들인 반면, 남편은 아주 많이 생각하는 편이었다.

내가 보기에 그는 아주 생각이 많은 종교적인 사람으로 보였다. 그는 신비의 세계, 희미한 내세 그리고 하나님의 위대하심을 결코 뚫을 수 없는 인간의 지식의 한계점들에 대한 지각을 가지고 있었다. 또한 아내의 믿음을 용감하게 남에게 이야기하기를 좋아했으며, 어떤 점에서는 시기까지 하고 있었다. 아주 복잡한 것 같은 문제들도 그녀가 잘 이해하는 것을 감탄한다고 말했다. 그런데 왜 그는 아내와 종교적 문제에 관해 의논하기를 회피하는가? 아마 이것은 그들의 성격이 다르기 때문일 것이다. 그리고 이것은 그 아내가 너무 확실히 믿고 있는데 자기가 조금의 의심을 보인다면 아마 아내가 자신이 믿음이 없다고 의심하는 것을 두려워하기 때문일지도 모른다.

사실은 아주 종교적인 사람들도 거리를 두고 또 숨겨진 채로 있으려는 사람들이 있다. 그리고 이들은 그들의 배우자나 목사들에게 무관심한 사람들이라고 여김을 받는다. 그들이 가지고 있는 신앙에 대해 그들의 생각을 서로 표현하는 것 없이 함께 기도할 수 있는 부부들도 있다. 만약 신앙을 통해 삶의 변화를 일으켜야 되는 것이라면, 신앙과 삶을 함께 문제로 삼아야 할 필요성이 있다. 그래서 신앙이 이와 비교할 수 없는 변화시키는 힘을 발휘하고, 그 결과 서로가 이해를 성취하게 됨으로써 완전한 결혼생활을 이룰 수 있을 것이다.

어떻게 이 두 사람이 이 목표에 이를 수 있는가? 이것은 우리가 무엇을 하느냐에 달려있기 보다는, 우리가 무엇이냐에 달려있다. 이것은 방법의 문제이기보다는 태도의 문제이다. 어쨌든 우리는 하나님께 우리를 그리로 인도하도록, 그 길을 보여주도록 기도할 수밖에 없다. 오직 그분만이 자신이 계획하신 이상적인 결혼생활, 즉 남녀가 한 몸을 이룸에

도달하게 할 수 있다.

어떤 사람의 과거 경험들이 무엇이든 간에 새로운 먹구름은 또다시 생기게 된다. 곧 우리의 민감한 감정들은 다시 상하게 되고, 우리가 처음 가졌던 상대방에 대한 본능적 반응도 항상 가라앉게 되고 움츠러들게 되며 우리의 참된 자아까지도 숨기게 된다. 그러나 하나님이 함께하는 순간에 우리는 진실과 사랑과 상대방에 대한 존경심으로 가득 찬 영혼의 꿈틀거림을 시작하게 된다. 갑자기 우리 속에 역사하는 하나님의 능력이 우리를 붙잡아서 우리의 결혼생활을 위험하게 만드는 것들을 이길 수도 있게 한다. 이와 같은 순간들로 인해 우리는 훌륭한 결혼생활보다 훨씬 더한 것을 경험할 수 있게 된다. 우리는 서로를 통하여 하나님을 경험하는 단계에까지 이르게 되는 것이다.

CHRISTIAN LITERATURE CRUSADE

사단법인 기독교문서선교회는 청교도적 복음주의신학과 신앙을 선포하는 국제적, 초교파적, 비영리 문서선교기관 입니다.

사단법인 기독교문서선교회는 한국교회를 위한 교육, 전도, 교화에 힘쓰고 있습니다.

만일 당신이 예수 그리스도와 그리스도인의 생활에 대하여 알기를 원하시면 지체 말고 서신연락을 주십시오. 주 안에서 기쁜 마음으로 도움을 드리겠습니다.

서울 서초구 방배동 983-2
Tel. (02)586-8761~3

사단법인 **기독교문서선교회**

서로를 이해하기 위하여

To Understand Each Other

1991년 5월 20일 초판 발행
2013년 8월 20일 2판 2쇄 발행

지은이 | 폴 투르니에
옮긴이 | 한 정 건

펴낸곳 | 사) 기독교문서선교회
등 록 | 제 16~25호(1980. 1. 18)
주 소 | 서울시 서초구 방배로 68
전 화 | 02)586-8761~3(본사) 031)942-8761(영업부)
팩 스 | 02)523-0131(본사) 031)942-8763(영업부)
홈페이지 | www.clcbook.com
이메일 | clckor@gmail.com
온라인 | 기업은행 073-000308-04-020, 국민은행 043-01-0379-646
　　　　　예금주: 사)기독교문서선교회

ISBN 978-89-341-0365-5 (03230)